CW00394245

*M*étaphysique des ruines

LA PEINTURE DE MONSU DESIDERIO

© Mollat Éditeur rc B 339 511 529
ISBN : 978-2-253-08296-5 – 1ʳᵉ pubication LGF

Michel Onfray

*M*étaphysique des ruines

LA PEINTURE DE MONSU DESIDERIO

Mollat

SOMMAIRE

Dieu. Peindre la misogynie. La femme de Job, celle de Loth. Puis Marie et la Contre-Réforme. Portrait des hommes. Peindre la pulsion de mort. La lutte des consciences de soi opposées. La femme homicide, la guerre et la ruse.

Peindre la catastrophe. Du temps et de ses métamorphoses. L'iconoclasme protestant. Effondrement de l'Église et naissance de la raison moderne. Dépasser le gothique. Augustinisme et jansénisme. La grâce et le libre arbitre. Les ruines et saint Augustin. Poétique des ruines. De la vanité et de la mer. Point d'orgue et cadence pétrifiée.

De l'inquiétante étrangeté. L'ange du bizarre. Fond et forme. Technique et matière. Sculpter la peinture, creuser les formes. Le méta-récit. Tableaux dans le tableau. Frises et fresques. Arcanes allégoriques. De la palette. Les vertus nyctalopes. Lecture des lectures. De la psychiatrie au surréalisme. Pascal peintre. De la mort.

Du projet hédoniste. Hédonisme vulgaire, hédonisme philosophique. Réconcilier tous les sens. Le plaisir et tout le corps. Sensations, émotions. Du plaisir sommaire aux sensations affinées. Le degré de conscience. Sculpter le plaisir par la conscience. Esthétique et pathétique. Saisir ce qui fait la jubilation.

Pour Lucien Jerphagnon

L'art lève la tête quand les religions perdent du terrain.
Nietzsche, *Humain, trop humain*, § 150.

CHAPITRE 1

GENÈSES AU-DESSOUS DU VOLCAN

Genèses au-dessous du volcan

Le désir d'ailleurs a toujours sollicité vivement les âmes à peine trempées, blessées ou douloureuses. Le voyage est pourvoyeur d'horizons qu'on imagine neufs, lorsqu'en partance pour le bout du monde, on oublie qu'on est toujours désespérément et irrémédiablement seul, condamné à sa propre compagnie. D'aucuns voient dans cette sapience élémentaire un argument pour ne jamais quitter leur chambre, voyager en elle et demander à leur seule âme les images et les idées qu'un dépaysement prétend assurer. Qui écrira un jour, pourtant, ce que doivent les œuvres esthétiques, donc les idées, aux voyages, exils, déracinements, et autres départs pour de nouvelles illuminations ?

Lorsque ce ne sont pas seulement des individus qui aspirent à l'ailleurs, ce sont aussi parfois des civilisations, voire des époques, sinon des corporations ou des cristallisations grégaires qui en font la promotion et l'usage. Ainsi de la fascination exercée par l'Italie, et plus spécifiquement Rome, à l'époque baroque. Le Grand Siècle français est tout entier rempli de cette idée, car la référence à l'Antique est la seule, et rien mieux que la Cité éternelle ne peut signifier cette excellence du monde gréco-romain. Sublimes ruines, tombeaux éventrés, entablements et encorbellements gisant à terre, colonnes effondrées, édifices défaits et pierres éparpillées, marbre et stuc, tout est là qui raconte les sept collines, leurs Césars, leurs rhéteurs, leurs philosophes et leurs sculpteurs. Et l'on croit que de cette antiquité naîtra une modernité qui ne va pas tarder à se déployer.

Rome est à elle seule une vanité, un genre esthétique à part entière qui, via l'urbanisme, raconte ce que dit l'Ecclésiaste : l'inanité de toute chose, l'effet radical du temps, de l'usure et de l'entropie sur tout réel, fût-il monumental, magnifique et grandiose, l'implacable nécessité qu'est la mort, la fugacité des hommes et de leur pouvoir, de leurs occupations mondaines farcesques, la fragilité de toute œuvre, son destin dans le néant. La Monarchie, la République, l'Empire ? Tout est égal, Tarquin, fût-il l'Ancien ou le Superbe, les lois, qu'elles aient été frumentaires ou somptuaires, Cicéron, avec l'épingle d'or qui lui perce la langue ou Catilina et sa conjuration, rien n'est plus, et personne ne se baignera deux fois dans le Rubicon. Cette Rome-là est morte, on ne voit plus d'elle que ses os, son squelette, ici et là une épine dorsale, une colonne vertébrale, une vertèbre. Chaque endroit est un cimetière.

Dans ce chaos de pierres, on va se ressourcer. Les thermes et les basiliques, le forum et les temples, les cirques et les théâtres, bien qu'effondrés, détruits, ravagés par le temps, attirent des visiteurs, des curieux et des âmes désireuses de s'oublier afin de mieux se retrouver. Nombreux sont ceux qui affluent, en cette fin de XVIe siècle, à dos d'âne, de mulet et de cheval, dans des charrettes, des convois hétéroclites et interminables où se mêlent le boulanger et le saltimbanque, le marchand et le coupeur de bourses, mais aussi le rimailleur et l'apprenti peintre. *Roma amor* disent les amateurs de palindromes. Chacun vient ici pour rencontrer la fortune, cet ange de la chance. Peu la trouvent, et la plupart restent encombrés d'eux-mêmes, engoncés dans ce qui faisait les ratages de leur existence en deçà des Alpes.

Quittant Les Andelys et sa Normandie natale, Nicolas Poussin effectue le voyage, puis Jacques Callot, âgé de douze ans seulement. Mais aussi, l'année qui ouvre le XVIIe siècle, Claude Gelée, laissant derrière lui sa Lorraine. Et, aux côtés de celui qui deviendra Le Lorrain, on trouve François de Nomé, un enfant de huit ans dont on ne sait pour quelles raisons il est dans cette expédition reliant l'est de la France et le centre de l'Italie. Lorsque le siècle aura huit ans, c'est un adolescent de dix-sept ans, lui aussi originaire de Metz comme Nomé, qui abandonnera la terre des parents pour celle des arts en visant Florence, Rome puis Naples. Il a pour nom Didier Barra. À l'heure où Didier Barra accomplit le terme de son voyage, Nomé quitte Rome, lui aussi pour Naples. Deux années séparent les deux Messins qui vont se retrouver au pied du Vésuve.

Naples en 1610, c'est déjà la ville de tous les possibles, de toutes les extravagances et des folies furieuses. On y vit à l'heure du crime et du châtiment, du sang et de la sueur. Campanella, pour n'avoir pas dit, dans les formes souhaitées, combien la religion catholique était sublime, aura à supporter des admonestations, puis des arrestations, ensuite des interrogatoires, puis des incarcérations, et enfin, comme si sa bure de dominicain ne suffisait pas, de longues séances de torture dont certaines durent trois journées d'affilée. Dans le château dit Castel Nuovo, le philosophe purge sa peine dans de meilleures conditions que dans d'autres geôles napolitaines, autrement sévères et rudes. Alors il écrit une *Apologie de Galilée* ou sa *Cité du soleil*, ce qui ne manque pas de danger, car le même Galilée encourt bientôt les foudres du Saint-Office qui lui demande des comptes sur ses conceptions matérialistes en philosophie et héliocentristes en astronomie.

L'Italie tout entière est aux mains des sicaires du Vatican. Le siècle s'est ouvert par un bûcher emblématique dans lequel on a précipité Giordano Bruno, coupable le premier d'avoir enseigné l'inanité des thèses aristotélico-scolastiques, chrétiennes, en matière de cosmologie : loin d'être au centre du monde, comme le croient les dévots, la Terre est en périphérie, elle est un satellite, secondaire, participatif et soumis au Soleil qui, lui, est au centre. Giordano Bruno diffuse ces idées : l'héliocentrisme triomphe en même temps que s'effondre le géocentrisme, ce qui annonce, pour les temps à venir, un bouleversement que l'Église pressent, ressent et craint. D'où une violence qu'elle veut prophylactique. Les scientifiques et leur savoir contre les ecclésiastiques et leur pouvoir, voilà les deux protagonistes, les ennemis d'une guerre dont on sait depuis quels furent les vainqueurs.

En attendant, la congruence des travaux des scientifiques, des chercheurs et des philosophes modernes, héliocentristes, produit la généalogie d'un monde nouveau et un passage radical, riche de conséquences, *du monde clos à l'univers infini*. Dans l'épicentre de ce passage fleurissent les plantes vénéneuses de l'angoisse, de la peur, de la crainte qui accompagnent toujours la transition, le glissement d'un univers clos, fermé, sécurisant d'habitudes, à un univers ouvert, tout entier fort des mystères qu'il découvre et rend soudain visibles. Plus déstabilisant qu'un changement de millénaire, pourtant pourvoyeur en hystéries diverses et multiples, le renouvellement d'épistémé installe les individus dans une posture nouvelle d'où naîtra, d'abord l'autonomie du sujet, ensuite son identité en relation avec l'immensité de l'infini et l'extension du monde au-delà de limites pensables. Lorsqu'en 1609, après avoir inventé la lunette astronomique, Galilée donne aux hommes les moyens de constater *de visu* l'infinité peuplée de notre univers, il fend la métaphysique en deux et laisse l'humanité veuve des certitudes offertes ou vendues par l'Église, qui peut alors ranger à la sacristie le vieux matériel conceptuel dont elle faisait usage depuis l'empereur Constantin. Les ruines du Vieux Monde géocentriste ne sont pas loin. Didier Barra et son complice François de Nomé, devenus peintres, ne pourront que peindre ces ruines-là.

Naples, c'est aussi un microcosme singulier participant d'une géographie spécifique : elle est cité construite au pied d'un volcan. Et l'on n'habite pas impunément à portée d'un monstre qui menace sans cesse de répandre sur terre le magma qui le fouaille de l'intérieur. La béance laisse parfois fumer des miasmes, elle crache des cendres ou vomit des coulées de lave qui emportent les hommes, leurs villes, leurs biens, et transforme les cités en tombeaux. Pompéi, Herculanum et Stabies sont encore ensevelies, cristallisées, pétrifiées, et l'on n'a pas encore à disposition ce témoignage de ce que peut le Vésuve. Mais nul doute que la proximité avec le feu sublime, les champs Phlégréens, les îles qui surgissent en une seule nuit des fonds sous-marins, expulsées par les feux des abysses, les fumées soufrées, les dépôts stratifiés de lave solidifiée, sinon, de temps en temps, des secousses sismiques témoignant du travail tectonique des plaques, tout cela montre à l'envi aux Napolitains d'origine ou d'adoption qu'ils vivent en compagnie de Vulcain et que ses colères peuvent être redoutables.

D'ailleurs, lorsqu'en 1631 le Vésuve reprend du service, on sait que vraisemblablement François de

Nomé et Didier Barra sont à Naples. Certes, saint Janvier, le patron protecteur de la cité, a l'habitude et fait bien les choses, car la coulée de lave s'arrête aux portes de la ville. Mais le réveil du volcan causera tout de même la mort de quatre mille personnes, le double de l'éruption de l'an 79 dans laquelle Pline l'Ancien, Pompéi et tant d'hommes et de femmes ont disparu. En 1631, la retombée de cendres et les nuées ardentes établissent le record des victimes de ce type en Europe. Quelques années plus tard, une catastrophe n'allant jamais seule, Naples doit faire face à une épidémie de peste qui fera trois cent mille morts. Parfois, le bacille de Yersin s'offre jusqu'à trente mille cadavres pour une seule journée. Qu'on imagine alors la vie quotidienne napolitaine…

D'aucuns, parmi les historiens d'art qui souffrent de ne pas savoir quand, où, pourquoi et comment Barra et Nomé sont morts, émettent l'hypothèse que soit le Vésuve, soit la peste aura eu raison de l'un ou des deux peintres qui, pendant les quatre premières décennies de ce siècle, à l'ombre du volcan, s'étaient fait une spécialité de peindre les catastrophes, des éruptions du Vésuve aux raz de marée, en passant par les incendies et les explosions dans des églises, les cités sinistrées en ruines et les architectures effondrées. Nous n'en savons rien.

En revanche, à la lumière d'un aphorisme de Nietzsche, on pourrait susciter un portrait psychologique des deux hommes. On peut lire, en effet, dans *Le Gai Savoir* ce que je dirais être les modalités et la formule du *désir d'être un volcan*. Lisons : « Construisez vos villes au pied du Vésuve ! Envoyez vos vaisseaux dans les mers inexplorées ! Vivez en guerre avec vos semblables et avec vous-mêmes. » Ajoutons : Barra et Nomé étaient de ces hommes-là, bâtisseurs de cités aux pieds des gueules de feu, navigateurs impénitents et explorateurs forcenés de contrées sauvages, rudes, brutales, inédites, inconnues. Jamais en paix avec eux-mêmes, ni avec le monde, bien sûr, mais ce me semble être la formule de tout artiste.

Familiers d'une histoire et d'un siècle, d'une géographie et d'une ville, tous deux ont sublimé leurs propres expériences, peignant les paysages de l'humaine condition, plus proches des misères de l'homme sans Dieu, des infinis générateurs d'angoisse, de la vanité des hommes inconscients de la vanité du monde, que des règles pour la direction de l'esprit, ou de quelque discours de la méthode susceptible de permettre la naissance des idées claires et distinctes. Plutôt les *Pensées* que les *Principes de la philosophie*, car le monde de Descartes n'est pas celui de Barra et Nomé. Pascal constate les fissures dans l'époque quand Descartes fait table rase et médite sur le recyclage possible des gravats avant de rendre possible la modernité. Le premier se rattrape au bord du monde clos, le corps dans le précipice, le second assume et tire les conclusions de la naissance de l'univers infini.

CHAPITRE 2

DE LA SUBLIME ACCOINTANCE

De la sublime accointance

Quand rien n'est sûr et que tout menace, que l'on peut craindre le pire ou se douter qu'approchent des heures mauvaises et noires, l'amitié est un cordial sublime. J'ai écrit, ailleurs, combien elle était *androphore*, porteuse d'homme, dans quelle mesure elle permettait d'épauler Sisyphe, de le rendre moins seul, moins malheureux en partageant son destin. Vertu cardinale et solaire, virile, au sens étymologique, puissance et énergie qui accroissent la force en soi lorsqu'elle fait défaut ou s'annonce comme défaillante, elle est en même temps facteur d'accomplissement et de réalisation de soi. Achille et Patrocle, Castor et Pollux, Montaigne et La Boétie, mais aussi Barra et Nomé. Et tout juste hier, avant que la mort ne rende l'un veuf de l'autre, Deleuze et Guattari. Ces deux-là écrivaient à quatre mains, selon l'expression de l'un ou de l'autre, sinon de l'un et de l'autre.

Qu'est-ce qu'écrire, ou peindre, à quatre mains ? C'est se mettre à l'ouvrage, à l'écritoire ou au chevalet, avec une main tierce, ni venue du premier, ni du deuxième, mais d'un tiers qui est au-delà de la somme des deux. Non pas un plus un qui feraient deux en un seul, mais un troisième personnage, une figure autre et nouvelle. L'amitié, quand elle se montre dans ses œuvres, sublime et transcende le divers, l'éclaté, le multiple, elle dépasse en des moments d'ineffable fusion l'enfermement de tout un chacun dans ses évidences solipsistes. Alors naît une sorte de figure, d'être ou de personnage ayant sa propre autonomie, une mécanique singulière, un automate obéissant au doigt et à l'œil des deux avant même qu'ils n'aient manifesté l'intention, le désir ou le souhait.

Didier Barra et François de Nomé ont vraisemblablement connu cette sublime accointance qui autorise l'œuvre comme un tombeau pour le plus vivant des deux d'abord, et pour la postérité ensuite. Tous deux du même âge, un an seulement les sépare, originaires du même lieu, Metz, aboutissant au même endroit, au pied du volcan, pratiquant ensemble le même art, une *bottega* pour deux – mais ces conditions ne sont ni nécessaires ni suffisantes –, Barra et Nomé peignent les mêmes toiles, l'un faisant ce que l'autre ne réalise pas, le premier permettant ce que l'indigence du second rendait impossible.

Barra est Apollon là où Nomé est Dionysos. L'apollinien se charge des premiers plans, du devant de la scène, des personnages, des figures, du mouvement des acteurs de la toile, ici une sainte famille, là des massacreurs d'évêques, ailleurs un Père de l'Église ou un héros de l'Ancien Testament ; le dionysien assure les décors, le fond de scène, les architectures fantastiques dans lesquelles évoluent les créations du premier. À eux deux, ils font le théâtre, ils animent les planches et montrent en quelque sorte le spectacle que fait le mouvement du monde. Calderòn de la Barca le prouvera avec brio : *La vie est un songe*, l'idée est baroque à souhait.

Dans les catégories examinées par Nietzsche dans *La Naissance de la tragédie*, François de Nomé le dionysien est le grand metteur en scène de l'ensemble des tableaux. On croit savoir qu'il sollicite son ami pour ajouter aux paysages désolés, détruits, ravagés, aux architectures effondrées qui sont de sa facture, les figures permettant l'action de la peinture : crimes, assassinats, décollations, exils, fuites, attaques, arrestations, martyres, méditations. À lui revient le bénéfice de l'ensemble du travail, à savoir l'ivresse de la destruction, la figuration de la catastrophe.

Nietzsche avait montré dans le mixte *satyre-sage* une figure rendant possible la magie de la danse et les prouesses du visionnaire. Le peintre des forces mystérieuses finit peu ou prou par devenir un créateur de mythes, le montreur d'un monde qui, n'existant d'abord que pour lui, subjectivement, finit par exister pour tous, objectivement. Dans cette transfiguration des angoisses de son temps, qui sont aussi les siennes, celles d'une époque rencontrant celles d'un homme, François de Nomé et Didier Barra avec lui font naître un univers propre, celui d'une peinture singulière avec sa grammaire d'objets allégoriques, l'éternel retour de ses symboles, la réitération permanente de ses obsessions.

Apollon-Barra et Dionysos-Nomé, lorsqu'ils travaillent ensemble, non plus côte à côte, mais l'un par l'autre, sont tel Marsyas, le silène de Phrygie inventeur de la flûte à deux tuyaux, cet instrument qui transcende le duel séparé et incomplet au profit du tiers réconcilié et opératoire. En ce sens il est Figure nouvelle dont Deleuze et Guattari expriment la nature : « Les concepts ont besoin de personnages conceptuels qui contribuent à leur définition. *Ami* est un tel personnage. » Et pour baptiser ce personnage conceptuel, cette figure, cet ami, les deux peintres ont perdu leur nom, ils se sont défaits de leur identité, vieilles peaux, vieux habits, au profit d'un patronyme nouveau taillé dans les pièces de leurs anciennes identités.

Exit Didier Barra, sujet de Metz. Exit aussi François de Nomé ressortissant lorrain de la même cité. Finies les biographies séparées, les trajets parallèles ou les identités distinctes. L'amitié et la peinture ont forgé dans le feu du Vésuve attisé par le vent venu du golfe de Naples un tiers répondant au nom de Monsu Desiderio. Monsu parce que c'est ainsi qu'on appelle le *monsieur* qu'on altère à la méridionale, cet homme venu d'ailleurs qui parle soit une langue étrangère, soit l'italien, ou plus spécifiquement le napolitain, mais en ayant trop souvent recours aux gallicismes pour être un indigène. Et Desiderio pour Desiderius, c'est-à-dire Didier en latin, mais aussi, paradoxalement, pour désir. Monsieur Didier, donc.

Mais qui est l'un, qui est l'autre ? À qui du premier ou du second le patronyme doit-il sa formation ? Comment et où le nom apparaît-il pour la première fois ? Vraisemblablement, le signifiant se prépare, s'annonce et s'énonce en même temps qu'évolue le signifié, l'amitié. Comme une épée qui se forge, il faut attendre du métal les couleurs qui disent le moment, le bon moment pour la naissance d'un acier superbement trempé. Le forgeron sait : rouge cerise, gorge-de-pigeon, incarnat ou blanc vif, et le *kaïros* exige le geste. De même pour l'amitié : elle prend toutes les couleurs du spectre de la chaleur avant de permettre le forgeage de l'identité nouvelle.

Dans les variations repérées dans ledit spectre, les historiens d'art ont pointé D. Nome ou Did. Nome, soit l'abréviation du prénom apollinien et du nom dionysien. Ailleurs, dans *Intérieur d'une cathédrale*, par exemple, ils ont remarqué François Di Nome ou Francisco Did Nome, soit un double prénom formé de la totalité de celui de l'un des deux amis et de l'abréviation de celui de l'autre suivi, toujours, du seul nom de l'artiste dionysien. Les altérations multiples finiront même, lorsque l'on aura percé le mystère du pseudonyme, par transformer définitivement François Nomé en François de Nomé, la préposition entre le prénom et le nom rappelant, sur le mode de la presque particule, la présence écourtée de Didier. Ainsi se fabrique un patronyme, avec ses repentirs, comme on dit en peinture, et les trajets qu'ils soulignent, sinon les évidences qu'ils montrent.

D'aucuns, dans cette course à la recherche des identités perdues, ont trouvé trois personnages sous Monsu Desiderio, puis ne se sont pas entendus sur le nom du troisième. Mieux vaut rappeler que dans l'atelier de Barra et Nomé travaillaient aussi des individus dont, pour la plupart, on a perdu l'identité. De passage, modestes et simples exécutants, confinés dans un registre minimal, apprentis ou associés d'occasion, tel ou tel a pu travailler à la *bottega* des deux amis. Et l'on s'est fait fort de donner des noms : ainsi de Belisario Corenzio qui contribue à une vue de la place san Domenico Maggiore et une autre du même genre devant Castel Nuovo, ou de Jacob Van Swanenburgh qui permet aux *Enfers* d'être ce qu'ils sont aujourd'hui. On a parlé aussi, et enfin, de Loise Croys, Filippo D'Angeli ou Agostino Tassi. Certes. Mais, pour la plupart, quand elles ne sont pas spécifiquement attribuées à Didier Barra – la plupart du temps des *vedute* de Venise, Florence ou Naples –, les toiles sont de Monsu Desiderio.

Pour la postérité, le travail réalisé conjointement par les deux amis est attribué à Monsu Desiderio. Et la date de naissance de ce personnage conceptuel est 1618. Pour certains, la cause de ce signifiant nouveau est à rechercher dans le pur et simple désir d'afficher une raison sociale suffisamment claire sur l'origine française des deux peintres ; pour d'autres, il est accidentel et procède du malentendu qui, à la mort du dernier des deux amis, est né lors de la dispersion des toiles de la *bottega* sous le nom générique de Monsu Desiderio. Quoi qu'il en soit, on sait que la signature conceptuelle précède de trente-deux années la dernière trace certaine que l'on ait de l'existence au moins de Didier Barra. De sorte que ce tiers nom procède d'une volonté délibérée pour les deux dans la vie de ne faire plus qu'un en peinture, devant la toile.

Avant d'aller plus loin sur les formes données à la peinture par cette amitié, je veux relire un peu des

Essais de Montaigne qui peuvent se visiter comme un tombeau offert au souvenir et à la mémoire du premier des deux amis qui est mort, laissant l'autre dans le deuil et dans le vide d'une moitié de soi. Dans ces pages consacrées à la sublime accointance, j'ai trouvé l'équivalent de ce que Deleuze et Guattari m'ont fourni avec la notion de personnage conceptuel, à savoir la notion de couture. Voyons plus avant. Dans le superbe chapitre XXVIII du premier livre des *Essais*, Montaigne écrit de La Boétie : « En l'amitié de quoi je parle "les âmes" se mêlent et confondent l'une en l'autre d'un mélange si universel qu'elles effacent et ne retrouvent plus la couture qui les a jointes. » Et ailleurs : « Nous nous embrassions par nos noms. » De cette couture devenue invisible, je pense qu'on n'obtient plus jamais la preuve ni la trace lorsque, par l'ouvrage et le temps, la complicité et la durée, la communauté et l'authenticité, elle a été patiemment installée dans les méandres secrets de la trame et de la chaîne qui font cette étoffe plus précieuse que tous les tissus d'Orient.

Chapitre 3

Grammaire d'objets tragiques

Grammaire d'objets tragiques

Du tragique, on peut d'abord dire ce qu'il doit au chœur et aux jeux qu'il permet entre la forme apollinienne et la vitalité dionysienne. Et du chœur, on peut ajouter qu'il existe à partir du moment où deux disent, expriment, racontent dans une voix qui est commune. Un personnage conceptuel, en tant qu'il permet deux en un, le multiple dans l'unité, est un substitut possible au chœur tragique. Classiquement, on dit de la tragédie qu'elle est mise en branle théâtrale de sentiments, d'émotions et de spectacles qui excitent la terreur et la pitié avant que la résolution du drame n'exige un événement funeste. De même, pour prix du succès de l'opération spectaculaire, on sacrifiait un bouc dont le chant servira plus tard à exprimer les sucs étymologiques de *tragœdia*.

Terreur et pitié? Puis conclusion funeste? Il me semble que tout le travail de Monsu Desiderio est susceptible d'être inscrit dans cette logique cathartique. La terreur, elle, est consubstantielle aux événements sinon montrés, du moins sollicités. Ainsi, lorsque l'on évite le feu et le sang, l'incendie et l'assassinat, c'est tout de même pour s'installer dans la peinture au moment qui précède ou suit le tragique : la fuite en Égypte ; pendant le massacre des Innocents ou juste après ; la méditation de Jéroboam dans un temple païen, vraisemblablement en présence de Josias, le purificateur de la région au nom de la Loi, le promoteur d'incendies et de crimes, de vengeances et de punitions, de brasiers purificateurs et de destructions d'idoles, juste avant qu'il ne mette en place ses opérations négatrices ; la souffrance de Job en présence de sa femme dont on sait que ses rares paroles prendront la forme d'une invitation au parjure ; la construction d'une tour de Babel qui sera le prétexte pour Dieu à variation sur le thème du péché originel et de la damnation. Terreur avant la catastrophe, certes, mais aussi pendant : l'attaque d'un palais ; la guerre ; les exécutions sommaires de saints qui accèdent ainsi au martyre ; l'incendie de villes telles Troie, Sodome ou Gomorrhe ; les arrestations, prises de corps, enlèvements et autres propédeutiques aux cachots, prisons, tortures, sinon aux homicides. Enfin, troisième modalité de la terreur : après. Nombre de toiles montrent des architectures effondrées, des villes ravagées, des ruines, des sarcophages éventrés, des temples perforés par des colonnes, comme après un tremblement de terre, une explosion, un incendie, volontaire ou pas. L'atmosphère, sans soleil, est celle qu'on imagine après un événement terrible, homérique ou divin, dantesque ou mosaïque : pas de lumière, un ciel saturé de noir, sombre, bas et lourd, comme transfiguré par des cendres, des poussières, au point que Pierre Seghers a pu parler d'atmosphère *hiroshimesque*.

Une toile est d'ailleurs emblématique de cet état d'âme. Elle a pour titre *Le Silence* et montre un port, un fragment de ville, déserté, abandonné par les hommes, sans âme qui vive, ni trace d'existence sous quelque forme que ce soit. Bateaux échoués sur la plage, immobilisés sur les premiers mètres du rivage ou logés en d'étranges antres, degrés qui mènent de l'eau au quai sans que personne ne semble plus pouvoir les gravir, colonnes effondrées, coupole d'un temple perforée par une étrange colonne phallique poussée comme par miracle au cœur même de l'édifice, maisons lumineuses dont les façades ne laisseront plus paraître qui que ce soit, et personne, personne. Pas de voiles sur les mâts, pas de fumée aux bouches des cheminées, pas de passants sur les quais du port, pas de marins dans leurs embarcations, pas d'animaux ou de chiens errants, pas même de cadavres qui trahiraient l'éruption volcanique ou la peste, la guerre ou l'expédition punitive, plus de vie : la toile semble peinte par François de Nomé avant que Didier Barra n'ait eu le temps, le loisir ou l'occasion d'y ajouter tel ou tel personnage, telle ou telle figure pour produire une œuvre qui puisse être signée Monsu Desiderio.

Si jamais peindre le silence a eu quelque sens, cette toile y parvient magistralement : le silence, c'est l'absence de vie, donc d'hommes ou d'animaux. C'est soit le monde avant l'homme, soit le monde après lui – en l'occurrence, *Le Silence* montre un univers après les hommes, une ville portuaire vide de toute humanité, allégorique en diable. Car le millénarisme n'a cessé de l'enseigner, le monde est appelé à se terminer, à finir, emporté par une catastrophe procédant de la volonté divine à cause de l'impéritie du premier couple. La toile est une vanité au sens classique du terme, une invitation à mesurer la vacuité de toute entreprise humaine, de la plus solide et durable – la construction architecturale, la volonté minérale et monumentale – à la plus précaire – la pêche ou le commerce qui obligent à l'usage des bateaux. Rien ne dure, ni le temple et ses divinités, ni l'esquif et le navire, pas plus les maisons d'habitation ou les infrastructures portuaires, urbanistiques. Rien, voilà le maître mot, l'ultime vérité pour laquelle même François de Nomé pourrait faire l'économie picturale de Didier Barra.

Voilà pour quelles raisons Monsu Desiderio n'est ni un malade, ni un schizophrène comme le pense Félix Sluys, ni l'ancêtre et précurseur de la peinture onirique surréaliste, voire paranoïaque-critique selon André Breton et nombre d'historiens d'art qui en restent au psittacisme sur ce sujet. L'œuvre peint de Monsu Desiderio est allégorique à souhait, symbolique et métaphysique. N'en déplaise au même Félix Sluys qui lui dénie tout sens, toute signification et toute valeur en dehors du symptôme psychiatrique, elle illustre, avant que le genre ne soit défini, calibré, puis théoriquement confisqué par les Flamands, ce que peut être une vanité, voire une nature morte, qui élit le minéral comme élément de prédilection et non le végétal – les fruits, les fleurs –, l'animal – les huîtres, les langoustes, les homards, le gibier –, ou les objets fragiles – coupes et carafes en verre, assiettes et plats en matières délicates, porcelaine, terre cuite ou faïence.

De même, les peintures de Monsu Desiderio n'ont rien qui relève spécifiquement du fantastique. Plus d'un polygraphe a classé le travail des deux Lorrains devenus napolitains dans la rubrique un peu fourre-tout des instigateurs de la peinture fantastique, en compagnie d'Arcimboldo ou de Faustino Bocci. Or le fantastique est avant tout déterminé par la présence et le commerce de créatures spécifiques : démons et sorcières en sabbat, monstres et créatures fantasques en goguette, anthropophages et aliénés en banquet, diables et fantômes en compagnie de lémures et grylles, loups-garous et autres catoblépas, vampires et prodiges, magiciens lutinant les fées au milieu d'apparitions. Toutes illustrations des tentations de saint Antoine, d'enfers ou de purgatoires sont les bienvenues. Chez Monsu Desiderio, rien de tout cela, car, je le répète, il est allégorique, comme tout peintre digne de ce nom d'ailleurs, et surtout *tragique*.

Les sources d'inspiration de la centaine de toiles laissées par notre personnage conceptuel sont rigoureusement *classiques*. Il ne puise pas dans un imaginaire débridé et sa méthode n'est pas l'onirisme sans frein, son pinceau n'est pas trempé dans l'encre du Hadès, mais dans la littérature classique de cette époque. Certes, l'absence de renseignements de nature biographique ne permet pas de savoir si François de Nomé ou Didier Barra savaient lire ou non. Mais on peut sans conteste affirmer que les foyers artistiques romains puis napolitains, au XVIIe siècle, sont pourvoyeurs d'une indéniable culture : soit on lit, soit on raconte ce qu'on a lu, soit on échange des vues, des détails sur tel ou tel texte canonique ou classique de la littérature païenne ou chrétienne.

La répartition des sujets de Monsu Desiderio montre nettement la prééminence d'une source païenne devant la religieuse : la proportion est d'une soixantaine de scènes contre une quarantaine. Monsu Desiderio peint un *réel mythologique* inspiré des monuments de la littérature afférente : Ovide et Virgile fournissent vraisemblablement les inspirations, nettes et précises, livresques – nous le verrons – aux scènes de l'incendie de Troie qui permettent, ici, la figuration de la mécanique trompeuse en cheval, là, un incendie en bonne et due forme, ailleurs, un sauvetage d'Anchise et de sa famille par Énée. *L'Embarquement d'Agrippine* pourrait bien être extrait des textes des historiens romains de l'Empire, Tacite par exemple. De même, toujours dans le registre païen, Monsu Desiderio peint un *réel factuel*, directement inspiré par les événements soit récents, soit du moment : des attaques de châteaux, des scènes de guerre et de combats, des incendies ou des assassinats, des épisodes de destruction d'idoles ou, plus pacifiques, des cortèges de chevaliers, d'écuyers et de musiciens.

L'autre source d'inspiration, le *réel testamentaire*, montre une excellente connaissance de la Bible et de l'histoire sainte. L'Ancien Testament fournit le prétexte à traiter le sacrifice d'Abraham, la tour de Babel, Suzanne au bain, la destruction de Sodome et Gomorrhe, un portrait de Job avec son épouse et un Jéroboam dans un temple païen en compagnie de Josias. Le Nouveau Testament permet le mariage de la Vierge, Marie au temple, la fuite en Égypte, la Nativité, la Circoncision, la résurrection de Lazare, l'onction de saint Jean, celle de saint Paul, un Jean-Baptiste prêchant, un autre qui ne prêche plus puisque sa tête est présentée à Salomé, l'arrestation de saint Pierre et la descente de la croix. Enfin, Monsu Desiderio s'inspire d'un *réel apologétique* globalement issu, du moins peut-on avancer l'hypothèse sans trop risquer de se tromper, de *La Légende dorée* de Jacques de Voragine. En effet, les scènes martyrologiques sont abondantes et surpassent celles qui représentent la vie des saints ou d'un Père de l'Église. Parmi les martyrs, énumérons, au risque d'inventaire : les femmes d'abord, Agathe, Dorothée, Ursule, Catherine et une sainte sans détail permettant de la nommer ; les hommes ensuite, deux saints et un évêque impossibles à identifier, Pierre, Sébastien, Jacques et ses compagnons, soit huit toiles pour le sexe faible, autant pour le sexe fort. Parmi les portraits purs et simples qui permettent d'illustrer des fragments de l'existence de tel ou tel saint : Paul, Étienne, Janvier, Georges et Augustin. Soit, sur l'ensemble des scènes que j'appelle apologétiques, des saintes et saints qui tous, sauf un, font l'objet d'un chapitre de *La Légende dorée*. Sauf un, donc : saint Janvier, mais qui, en tant que patron de Naples, ne pouvait pas être absent du panthéon de Monsu Desiderio.

Dans tous les cas de figures, païen – mythologique ou factuel –, religieux – testamentaire ou apologétique –, Monsu Desiderio peint des sujets en relation avec un savoir livresque et classique. La majorité des thèmes se retrouve dans toute la peinture de cette époque et, longtemps après, elle fera

florès avant que n'apparaissent les sujets plus nettement vernaculaires.

Afin de poursuivre cette grammaire d'objets tragiques, il faut préciser, avant d'aller plus loin, que
l'ensemble des considérations sur les types de réels
peints et leurs catégories possibles concernent ce
qu'on pourrait appeler les premiers plans dans les
toiles. Soit le domaine de prédilection de Didier
Barra, c'est-à-dire les Figures, les Personnages, les
Sujets, les prétextes narratifs. En ce qui concerne
les seconds plans, où l'on semble plus spécifiquement retrouver le travail de François de Nomé, il
faut pointer ce qui, aujourd'hui, semble caractériser, voire signer, le travail de Monsu Desiderio : les
architectures. Là encore, on évitera d'en faire des
architectures fantastiques pour leur préférer l'épi-
thète d'imaginaire, parce que composite et, d'une
certaine manière, réelle – j'y reviendrai.

Dans l'œuvre de Monsu Desiderio, les quatre
règnes sont diversement représentés et, parmi tous,
envahissant les peintures, c'est le règne minéral
qui prime. À une exception près – *Décollation d'un
saint* –, le végétal est absent, les animaux sont rares,
des chevaux pour les cavaliers presque à chaque fois,
sinon chiens et moutons parmi d'autres, morts,
dans une vue de *Destruction de Sodome*. La préémi-

nence du minéral ouvragé, puis ravagé, est à mettre en perspective avec le traitement des éléments. On remarque rapidement, en effet, que le feu est dominant, soit sous forme de foudre, d'éclairs qui déchirent le ciel sombre, d'explosion, d'incendie ou d'enfer, quintessence du monde igné pour Monsu Desiderio. Car, en matière de feu, il faut souligner l'absence totale de soleil, principe génésique et généalogique, générateur et pourvoyeur de vie : le feu ouranien est mort, d'où, d'ailleurs, l'absence de monde végétal. En revanche, le seul feu qui semble digne de mention est chtonien, soit via le volcan, sous forme infernale, ou encore en produisant, à l'abri de tout regard humain, dans les fonds sous-marins, les raz de marée qui ravageront les cités et leurs habitants.

Dans ce monde minéral et incandescent, où le dur et le sec se partagent le monde, on pense évidemment à Lucifer, l'archange déchu et désobéissant, celui dont le principe étymologique enseigne qu'il était porteur de lumière, de ce feu qui brûle sans possibilité de régénérescence. Incendies purificateurs et punitifs, brasiers apocalyptiques, flammes métaphysiques, il faut bien que l'homme se soit rendu méchamment coupable pour supporter pareil traitement et avoir à vivre sous de tels auspices. Dans la première toile qu'on semble pouvoir sans conteste dire de François Nomé et Didier Barra, une *Tour de Babel*, Monsu Desiderio donne des éléments pour une réponse et montre quelles furent spécifiquement l'œuvre et la faute de Lucifer, cet initiateur du feu sur la terre.

Chapitre 4

Allégorie de l'architecture peccamineuse

Allégorie de l'architecture peccamineuse

En tout architecte sommeille un démiurge animé d'une volonté de contrarier les exigences de la nature, de contrecarrer les lois de la physique par la seule puissance de son intelligence et de sa culture. Construire, bâtir, c'est produire des formes vexatoires à l'endroit de la nature, pourvoyeuse, elle aussi, de formes en compétition. Travailler des masses, assembler, architecturer, composer, voilà de quoi contourner ce que la physique montre en permanence : la limite du pouvoir des hommes face à la toute-puissance de la nécessité. Cordeau, compas, tracés, plans et calculs de répartition des forces, tout est sollicité de la civilisation pour exprimer le triomphe prométhéen de la culture sur les forces dionysiaques de la nature, de la vie. Apollon est le dieu des architectes, Dionysos leur perpétuel adversaire.

L'emblème et l'allégorie de l'architecture entendue comme volonté de puissance, c'est la tour de Babel, l'immense construction voulue par les

hommes pour atteindre le ciel et percer ses mystères. Délire de formes et de matières, apocalypse
de calculs et de désirs, elle est invitation à célébrer
Prométhée et le dépassement de soi, ce qu'aucun
autre dieu n'aime vraiment, car souvent les divinités
sont jalouses. Que dit la Bible, et plus particulièrement la Genèse puisque c'est elle qui dit l'origine de
tout, y compris de l'insolence des hommes ? Que les
hommes, bien décidés à faire aboutir leur projet fou,
décidèrent un jour de faire des briques, de les cuire
et de fabriquer le mortier en conséquence avant de
commencer la conquête du ciel. « Allons, disaient-
ils, bâtissons-nous une ville dont le sommet touche
au ciel et faisons-nous un nom, de peur que nous
ne soyons dispersés à la surface de la terre. » Désir
d'unité, donc, désir, aussi, de forger une identité et
de pouvoir ainsi rendre possible un nom – celui de
Monsu Desiderio, par exemple.

Les raisons qui conduisent les hommes à de tels
paris sont diverses. Dans *L'Alternative*, Kierkegaard
y voit l'effet du désappointement et de l'ennui. Selon
lui, l'ennui est le moteur du monde, on lui doit la
création de l'homme, parce que le Très-Haut s'en-
nuyait, ensuite celle de la femme, parce que Adam
se morfondait, puis de Caïn et d'Abel, afin que le
couple s'ennuie en famille, après avoir goûté les plaisirs de l'ennui solitaire. Enfin Babel, construite pour

conjurer l'ennui des hommes qui se désespéraient aussi en famille. Kierkegaard était-il perspicace ? Je ne le crois guère, du moins sur la généalogie de l'édifice mythique.

Curiosité, alors ? Peut-être. Ou goût pour les projets magnifiques et excitants, fédérateurs et démesurés. Car viser l'accès au ciel, c'est vouloir pénétrer les mystères suprêmes, entrer dans le lieu dont toutes les mythologies, toutes les cosmogonies et toutes les philosophies spiritualistes disent qu'il abrite les principes supérieurs, les puissances architectoniques, les forces démiurgiques. Le ciel, c'est la demeure des dieux ou de Dieu. Curiosité alors, qu'on peut aussi nommer volonté de savoir, désir de connaître, c'est dire si la tour de Babel est emblématique des pouvoirs de la science contre ceux de la croyance.

Le Dieu des chrétiens l'avait bien entendu de cette oreille, lui qui prit, comme toujours, la démarche philosophique pour un blasphème, un péché : car à chaque fois que l'homme a voulu connaître plutôt qu'obéir, dès qu'il a préféré la science qu'on découvre à la théologie qu'on apprend, il a été puni. Qu'on se souvienne du péché originel, tout entier susceptible d'illustrer cette hypothèse. C'est en effet sous l'expresse condition d'obéir, de ne pas chercher à savoir que les hommes auraient pu profiter éternellement du paradis originel : pas de douleur, pas de souffrance, pas de travail, pas de mort, rien de négatif, pourvu que l'homme ne se mette pas dans l'esprit de goûter du fruit défendu qui, faut-il le rappeler, poussait exclusivement sur l'arbre de la connaissance. Mieux inspirée que son benêt de mari, Ève préféra la connaissance qui éclaire à l'obéissance qui obscurcit. En conséquence, nous payons le prix fort : nous savons – et encore… –, donc nous souffrons. Ève, c'est, étymologiquement, la philosophie, l'amour de la sagesse et les pouvoirs qu'elle permet, la science contre la foi et la théologie, la raison contre la croyance.

L'histoire de Babel est une variation sur ce thème : construire un édifice qui permet d'accéder au ciel, c'est goûter une fois encore du fruit défendu. Aller inquiéter et interroger l'éther pour voir qui l'habite, et si, là-haut, il y a quelque chose plutôt que rien, c'est réactualiser l'effort et le désir prométhéen. Dieu, qui lui aussi voyait les choses ainsi, du moins la suite paraît le montrer, ne toléra pas l'arrogance des hommes, leur orgueil, leur volonté de savoir qui pouvait, un jour ou l'autre, les dispenser de Lui obéir, de L'écouter et de Le craindre. Aussi pensa-t-il, la Genèse l'atteste, que si les hommes réussissaient cela, ils pourraient tout, et qu'alors rien ne serait plus possible de ce qui était. À l'idée que les hommes obtiendraient ainsi confirmation de leur pouvoir et de leur puissance, Dieu décida d'une punition et pulvérisa l'un des moyens qu'avaient les hommes de s'entendre : un langage commun, une langue partagée. Naissance de la confusion entre tous, donc de l'éparpillement, donc des misères.

Lorsque Copernic, Bruno et Galilée calculent, d'abord, à quoi peut bien ressembler le monde au-delà des limites que la tradition lui assigne, lorsqu'ils observent ensuite à quelles distances se trouvent les planètes et ce que dit du monde la carte du ciel et des étoiles, ils partent eux aussi à la conquête du ciel, ils gravissent les degrés d'un étage supplémentaire en direction de la prétendue demeure des dieux. Babel, c'est le symbole et l'allégorie des forces qui conduisent Giordano Bruno à écrire et publier en 1591 *De l'immense et des innombrables ou de l'univers et des mondes*, ou Galilée à rédiger son *Dialogue sur les deux grands systèmes* dans les années où peignent François Nomé et Didier Barra.

La tour est une architecture qui célèbre la spirale hélicoïdale, c'est-à-dire le mouvement de la base vers le sommet, de la terre où l'on sait peu, au ciel où l'on doit savoir plus, sinon tout. Elle magnifie et célèbre le mouvement de la dialectique ascendante consubstantielle à tout projet qui vise la connaissance, l'affranchissement et l'initiation. Sur le sol, dans les rets chtoniens, on sait peu ou mal, dans l'éther, là où souffle l'esprit ouranien, on est riche de connaissances et de sapiences véritables. L'entrée initiatique suppose la sortie d'un initié. Toute connaissance affranchit et libère, toute science rend plus libre, voilà ce que disent les hommes qui veulent la tour de Babel et l'accès au ciel.

Le défi lancé à Dieu est propédeutique à la modernité car, soit il existe, et en construisant, en partant à sa rencontre, les hommes n'ignorent pas qu'ils auront affaire à son courroux, sa colère, et sa vengeance, soit il n'existe pas, et ils aviseront, après avoir constaté que le ciel est vide, comment il est possible de bâtir un nouveau monde et inventer de nouvelles possibilités d'existence. D'un côté, la punition, de l'autre, la continuité du travail prométhéen envisagé avec les fondations de l'édifice. En réfléchissant au sujet dans *Babel*, Roger Caillois avait donc tort d'imaginer que, dans l'hypothèse de l'inexistence de Dieu, la conquête du ciel était une tâche ridicule, sanctionnée par un échec pur et simple, car on a toujours intérêt à augmenter ses connaissances, y compris et peut-être surtout lorsqu'il s'agit de confirmer, *de visu*, l'inexistence de Dieu. Conclure au fait que le ciel habité est une chimère, voilà une vérité architectonique essentielle pour bâtir les siècles qui suivent.

Dans la logique mythologique chrétienne, la morale de l'histoire est superposable aux leçons que donnent en peinture toutes les vanités : les entreprises humaines, les désirs de longue durée, les espoirs du bâtisseur, les vertus prométhéennes du travail, la volonté de savoir, la croyance que la raison est un pouvoir, tout cela est vanité et poursuite du vent. Babel rappelle à qui l'aurait oublié que Sisyphe, Ixion et les Danaïdes avec leur tonneau expriment plus justement la vérité du monde que les aspirations rationnelles et philosophiques. Tout se répète, et l'éternel retour des choses sanctifie la réitération du négatif, de l'usure, de l'entropie et de la mort comme seules certitudes et uniques vérités.

Que disent Nomé et Barra, plus ou moins à leur corps défendant, en proposant une *Tour de Babel* comme première toile signée Monsu Desiderio ? Car c'est là leur première peinture signée du nom conceptuel. On avance l'idée que l'œuvre a été proposée comme chef-d'œuvre de compagnon pour obtenir droit d'entrer dans la confrérie de Saint-Luc, pourvoyeuse d'un statut dans la cité napolitaine et génératrice des contrats qui facilitent l'existence des artistes.

L'intérêt de la toile réside dans les mises en abyme respectives qui, toutes, occupent le quart inférieur de la surface, quand le reste est consacré à la représentation du chantier et de la tour dans ses parties construites. Le premier plan, qu'en toute logique on devrait pouvoir attribuer à Didier Barra, permet trois jeux : l'un avec le personnage qui doit donner son avis pour intégrer ou non les impétrants dans la confrérie, il est représenté dans les atours d'un prince ou d'un roi, il porte les habits qu'on retrouve sur Jéroboam dans la toile où le fils de Salomon est montré dans un temple païen (tissus précieux, sorte de couronne sur le chef, long manteau majestueux, barbe et sceptre) ; l'autre, avec une sorte de tableau dans le tableau, car les deux promoteurs et entrepreneurs montrent sur un plan déplié une représentation de l'œuvre qui se trouve derrière eux, Babel ; le troisième et dernier jeu réside dans la mise en scène des deux peintres dans leur peinture, car l'analyse critique veut voir dans les deux personnages en position de déférence, à genoux devant le pouvoir, Didier Barra au premier plan, un compas dans la main droite et François Nomé derrière le plan déroulé, silencieux. Comme dans les toiles de Monsu Desiderio, c'est lui qui propose les architectures et qui, passif, demeure silencieux, ainsi qu'est muet ou quasi muet Pylade lorsqu'il est en compagnie d'Oreste.

Autoportraits des peintres, soit, mais aussi autoportrait d'une situation à venir qui s'actualisera en présence même de l'homme de pouvoir qu'ils solliciteront. Et l'on pourrait presque ajouter autoportrait du projet, du dessein sous la forme allégorique de Babel. À chaque fois, Monsu Desiderio joue avec le temps et pratique à merveille le miroir, le reflet, la citation et l'autocitation. Cette mise en perspective trahit la redoutable intelligence allégorique et symbolique de leur travail.

Par exemple, et pour suivre, dans cette toile, trois fonctions sociales symboliques sont représentées, par ordre décroissant dans l'apparition, l'importance de la taille et la profondeur de champ : l'homme, qui décide de l'intégration de deux demandeurs, avec ses attributs royaux ou princiers, en compagnie des soldats, incarne la fonction du pouvoir ; mixtes de prêtres et de philosophes, les artistes prennent en charge la fonction sacerdotale et la triple question du sens, des valeurs et du savoir ; enfin, au dernier plan, petits, presque indistincts dans leur identité, les producteurs, les travailleurs qui portent des outils ou traînent des charges et partagent l'espace avec un couple de bêtes de somme, des dromadaires.

Étrange toile, qui, malgré l'agenouillement de principe des artistes, cache mal leur volonté à peine travestie de se montrer en maîtres d'œuvre du projet funeste, en architectes de cette mythique forteresse ayant déclenché la colère de Dieu ! Étrange, également, cette impudence lui faisant se substituer à Nemrod, le véritable maître d'œuvre du projet babélien! Nemrod, grand chasseur devant l'Éternel, conquérant légendaire de Babylone… Que veut dire cette toile? D'un pur point de vue *utilitaire*, elle permet à ses auteurs de se montrer sous leur meilleur jour, si l'on prend seulement en considération la grandeur de la tâche, l'étendue des travaux et la majesté du chantier, tout en risquant d'apparaître vaniteux, arrogants, présomptueux et blasphémateurs aux yeux des officiels dont ils sollicitent l'avis. D'un point de vue *éthique*, ils avancent également une hypothèse esthétique : on peut, avec pareil projet, atteindre au savoir absolu grâce aux possibilités et aux certitudes qu'offrent la technique, le métier, le savoir-faire, ainsi le ciel est-il susceptible d'être conquis par les artistes qui, grâce à leur art, donnent des moyens réels à la dialectique ascendante chère à Platon. De même, et d'un point de vue *philosophique*, l'artiste, le peintre transfiguré en architecte, revendique une parenté avec les scientifiques qui, comme lui, avec leurs atouts, partent à la conquête du ciel – Copernic et Barra, Galilée et Nomé pourraient donner l'impression de combattre dans les mêmes rangs pour les mêmes fins : agir pour conclure soit à la vérité de l'ancien monde clos, soit à la pertinence du nouvel univers infini; enfin, d'un point de vue *métaphysique*, Monsu Desiderio avance la toute-puissance du libre arbitre et magnifie la toute-puissance de la liberté de choix, de décision, à savoir : vouloir délibérément partir à la conquête du ciel, expérimenter, parvenir à des conclusions et des certitudes par soi-même et l'usage bien conduit de sa raison. Dans la perspective platonicienne, vouloir monter au ciel c'est s'engager sur les degrés de la dialectique ascendante, s'arracher au sensible, se défaire du monde matériel, grossier et vulgaire, pour parvenir au monde intelligible qu'est l'univers de concepts, d'Idées pures.

Tout cela pourrait paraître bien prétentieux si l'on ignorait tout du devenir de ce projet babélien, et si l'on devait croire au succès de l'entreprise architecturale, car chacun sait, instruit par la Genèse, que l'affaire tourna mal. Et cette sagesse est nécessaire pour comprendre le projet des artistes et les disculper d'un dessein arrogant. Monsu Desiderio, et les membres de la corporation dont il mandait l'avis, n'ignoraient rien de ce que représentait l'histoire de Babel : la vanité des œuvres humaines et la toute-puissance des décisions divines. Aussi, cette toile est-elle bien dans la manière de Monsu Desiderio : une œuvre apparemment calme, sage et placide, mais faussement, car elle est peinture d'avant la catastrophe, d'avant la punition divine. Elle est fixation d'un moment innocent, avant que la divinité n'ait châtié les hommes pour leur arrogance, avant que leçon ne fût faite de la vanité de toute entreprise humaine. Monsu Desiderio est toujours dans la catastrophe, soit dans son imminence, comme dans ce cas, soit dans son instantanéité, soit dans ses conséquences.

Babel est jeu avec le temps et l'histoire, les références et la dextérité des citations. *La Tour de Babel* est une vanité qui fait la démonstration qu'inscrire une Forme qu'on veut pérenne, à savoir une architecture, dans quelque durée que ce soit est une erreur, sinon une faute ou un péché d'orgueil que, de toute façon, sanctionnera l'omnipotence divine. Nomé et Barra entrent dans l'histoire avec Babel, comme notre humanité. Or, après cette péripétie métaphysique, il n'y aura plus que confusion et ruine de l'unité primitive qui se montrait dans l'ordre du langage. Allégories et jeux : il n'est qu'une certitude, tout désir de forme est arrogance, *toute architecture est peccamineuse*, de sorte que la ruine est l'une des figures prises par la damnation.

CHAPITRE 5

Cénotaphes de musiques congelées

Cénotaphes
de musiques congelées

De Goethe, à Eckermann : « J'ai retrouvé dans mes papiers une page où j'appelle l'architecture une musique figée ; et en effet l'architecture a quelque chose de cela : la disposition d'esprit qu'elle éveille est parente de l'impression produite par la musique. » La référence est dans *Le Monde comme volonté et comme représentation* de Schopenhauer qui, en écrivant, lapidaire : « l'architecture est de la musique congelée », synthétise à merveille le propos du poète allemand. L'idée est séduisante à souhait, car elle permet une sorte d'allée et venue entre les arts et les domaines, elle autorise des passages d'un archipel à l'autre, d'un univers visuel à une géographie auditive. Lointaine prescience des correspondances baudelairiennes ou rimbaldiennes, des mondes de voyelles colorées ou de sons parfumés.

Le vieux philosophe pessimiste cite Goethe un peu pour s'en moquer, vieille rancune, car, déjà, dans ses travaux sur la couleur, il avait essayé de régler son compte à l'auteur germain emblématique. Mais l'idée d'une architecture à entendre comme une musique n'est pas sans intérêt. Qui plus est, lorsqu'on essaie d'établir la correspondance entre Monsu Desiderio et un musicien. L'ordonnancement de Monteverdi semble mieux convenir à l'architecture de Palladio ou à la peinture de Carpaccio. Frescobaldi, Byrd, Gibbons, Schütz ou Couperin ? Pas assez d'extravagance, de singularité, de folie. Il faut un musicien atypique, au tempérament incomparable, et dont le style soit irréductible à la pure et simple époque.

Quelle musique, pareille aux peintures tragiques de Nomé et Barra, étonne en se déployant comme aucune œuvre ne l'a fait dans sa catégorie à l'époque ? Quel compositeur a bien pu traverser les siècles, comme Monsu Desiderio, tout en continuant à parler avec la même ferveur, la même actualité et la même pertinence à ceux des contemporains qui s'y sont arrêtés ? Quel musicien a pu, comme les deux peintres, permettre à tel ou tel acteur de la modernité de s'en réclamer et de le prendre en exemple pour son intempestivité, son inactualité, donc sa permanente vérité ? Atypique, inattendu, solitaire et seul de son propre parti, il faut sans conteste retenir Gesualdo, Don Carlo Gesualdo, prince de Venosa, uxoricide et homicide, aristocrate et grand seigneur, chasseur et cavalier, poète et musicien.

Monsu Desiderio est à André Breton ce que Carlo Gesualdo fut à Pierre Boulez, ou à Michaël Levinas – qui, en 1984, a composé *Troisième Arcade, « le Chœur des Arches »*, en hommage au compositeur napolitain –, un météore, une comète dont la queue lumineuse balaie l'espace, le temps d'un instant, avant de disparaître dans l'univers, avant peut-être une réapparition selon le mode des cycles auxquels ces phénomènes obéissent. Gesualdo l'atypique, qu'on étudie encore aujourd'hui, trois siècles plus tard, dans les cours de composition, d'écriture ou d'harmonie, afin de tâcher d'en percer le mystère.

D'aucuns ont pointé son chromatisme exaspéré, ses raffinements et ses extravagances harmoniques, son inquiétant jeu avec les timbres, son langage excessif, violent et bouleversant, son goût du contraste, ses brusques passages du mineur au majeur, sa passion pour l'irrationnel et le mouvant, son perpétuel recours à l'équivoque, afin d'expliquer les raisons en vertu desquelles il a souvent généré chez ses auditeurs d'inconfortables sensations presque physiquement insupportables, tant elles quintessenciaient la sensibilité inquiète, instable, fiévreuse et pathétique qui se trouvait dans l'ère du temps. Tout ce langage va à ravir à Monsu Desiderio et à son œuvre, et ce qui circonscrit l'un désigne aussi l'autre.

Les architectures qui se retrouvent à satiété dans les toiles de Nomé et Barra sont tout aussi réelles que les accords de Carlo Gesualdo, pas plus, pas moins. Et ceux qui ont vu dans l'inventaire et la comptabilité maniaque des objets architecturaux de Monsu Desiderio de quoi conclure à la maladie mentale, à la folie, à la schizophrénie, pourraient envisager le recyclage et la mise à disposition de leur savoir psychiatrique dans tel ou tel dispensaire moins exposé que celui de l'histoire de l'art. Les *Répons de l'Office des Ténèbres du Samedi Saint* ont autant de vérité, d'efficacité et de pouvoir métaphysique persuasif que les *Assassinats dans une architecture imaginaire* : les deux œuvres sont preuves de l'existence du monde, à un même degré et en d'identiques modalités.

Le monde de Monsu Desiderio n'est pas extravagant par le type d'architecture qu'on y retrouve : rien de ce qui est repérable dans l'œuvre n'est purement et simplement produit par l'imagination, ni les édifices, ni leur nature, ni leur forme. On y voit des églises et des palais, des châteaux et des maisons, et tout s'organise dans des villes, autour d'un port, selon l'axe des rues ou le volume des places. Rien d'extraordinaire, sauf peut-être l'agencement dans lequel surgit, puis réside l'inquiétante étrangeté, car tout est montré comme en un théâtre, fidèle en cela à la théorie baroque selon laquelle le monde est une scène où se joue une drôle de pièce, avec des acteurs destinés à prendre leur rôle au sérieux avant de quitter les planches pour de bon et périr.

Hystérie pétrifiée, délire imaginatif de pierres, invraisemblances architecturales ? Non. Sauf pour ceux qui ne veulent pas voir le collage baroque auquel recourt Monsu Desiderio comme tous les artistes qui travaillent dans cette époque charnière entre maniérisme et baroquisme, pareillement soucieuse d'en finir avec le bel ordonnancement cher à la Renaissance. Fin des calculs harmonieux, du Nombre d'Or et de l'équilibre, de l'harmonie et de la pureté, fin des lignes droites, des verticales et des horizontales froides, fin des édifices composés comme un assemblage de formes et de volumes calibrés, orthodoxes : le baroque – et le maniérisme, qui en est une variante, une modalité, ou l'inverse, si l'on veut –, célèbre le dynamisme, le pittoresque, l'énergie et la vitalité. De même, il reconnaît la nature architectonique de l'inquiétude, de l'anxiété, du sentiment d'exil et d'abandon consubstantiel à cette époque de passage de la clôture géocentrique à l'ouverture héliocentrique.

Le maniérisme est repérable dans l'usage de la perspective accélérée : les verticales s'allongent et les horizontales se raccourcissent. Le monde se contorsionne, il bouge, vit, connaît les affres d'une chrysalide qui cherche à fendre son cocon pour parvenir à la lumière. En attendant, il est dans l'obscurité, dans la nuit qui précède les aurores qui n'ont pas encore lui. Dans *Anatomie du monde*, en 1610, John Donne écrit : « Une philosophie nouvelle met tout en doute, l'élément igné est éteint, le soleil est perdu, la terre aussi, et nul esprit ne peut dire où regarder désormais. Tout est brisé, toute unité rompue, tout ordre, toute relation. » Les dissonances, les brisures harmoniques, les failles chromatiques de Gesualdo tout autant que les nuits sans lune et les journées sans soleil, les bâtisses vidées, les cités désertes et les ruines qui menacent chez Monsu Desiderio disent le même monde, expriment une semblable époque.

Du maniérisme, on circonscrit parfois ainsi le style : goût de l'étrange, du rare et de l'extravagant, passion pour l'extraordinaire, l'étonnant et l'horrible, recherche de l'allégorique, du monstrueux, du repoussant et du bizarre. D'autres ajoutent, complètent ou précisent qu'il faut également y inclure la volonté de merveilleux, l'excellence dans l'ambigu et l'aberrant, le talent pour la métaphore obscure, l'allusion, l'intérêt pour le sophisme et l'ingénieux, toutes qualités, toutes *virtùs* repérables dans l'œuvre de Monsu Desiderio.

Pour compléter la lecture faite par les historiens du maniérisme, dont Gustav René Hocke, on peut lire aussi *Du baroque* d'Eugenio d'Ors et constater combien les catégories baroques vont mêmement à Nomé et Barra. Ainsi du dynamisme, de la profondeur et du sens pittoresque, trois vertus cardinales en l'occurrence. Dynamiques, les formes qui échappent à la pesanteur, à la lourdeur apollinienne, pour accéder à la vérité dionysienne de la danse, de l'ivresse et du mouvement; profondeur à cause des reliefs creusés, des ombres pétries comme des matières vivantes; sens pittoresque dans les rapprochements inattendus, les coq-à-l'âne architecturaux qui caractérisent si bien les constructions de Monsu Desiderio.

Ainsi des coexistences de trois mondes formels : l'antiquité romaine, l'époque gothique et l'actualité maniériste. De Rome : les colonnes cannelées surmontées de leurs chapiteaux corinthiens, les temples circulaires coiffés de coupoles qui rappellent, ici le Temple de la Fortune virile, là celui de la Sibylle de Tibur, ou celui des Vestales près du Tibre; mais aussi une niche avec statue et coquille ou, entourée de fresques narratives, une colonne cochlide, dont l'ouverture, via un escalier hélicoïdal, permet l'accès au sommet, citations plus ou moins délibérées des forums impériaux et de la colonne Trajane; ailleurs, des constructions pyramidales, telle la tombe égyptienne voulue pour lui par Caïus Cestius dans la Cité éternelle ; et, enfin, des guirlandes de fleurs, des bucranes, des frises, le tout en pierre, ainsi qu'on pourra les découvrir sur l'Ara Pacis, sous la voûte de l'arc de Titus ou sur les pieds de l'arche de Constantin.

Des années gothiques : un fronton lancéolé aperçu lors d'une explosion dans une église ; un gisant reposant dans la cavité ménagée par un gâble surmonté d'une statue dont les ailes, les armes, l'armure laissent croire qu'il s'agit d'un archange, Michel, Gabriel ou Raphaël ; ici un oculus, là des rosaces, ailleurs des échauguettes fermées en coupoles ou des tours crénelées au faîtage, de quoi solliciter la cathédrale Saint-Étienne, l'un des plus beaux édifices gothiques de France, sise à Metz, ville natale de Nomé et Barra.

De l'époque, enfin : les nombreuses et récurrentes colonnes torses en couple et dont le fût monte en hélice, quasi-citations contemporaines du baldaquin du Bernin à Saint-Pierre de Rome (1633) ; les colonnes corollitiques – dont le fût est décoré de guirlandes – ou les décorations florales lourdes et généreuses, pétrifications du végétal telles qu'on peut les remarquer sur les façades de la Villa Médicis décorée par Nanni Lippi (1544) ; les atlantes, ces cariatides faunesques, qu'on retrouve dans le nymphée de la villa Aldobrandini de Giacomo Della

Porta à Frascati (1598-1609) près de Rome ; enfin, les médaillons armoriés, soit en angle, comme ceux du Bramante au palais de la Chancellerie à Rome (1517), soit plans, comme ceux de Michel-Ange au palais Farnèse (1546). Et l'on pourrait ainsi filer la métaphore en analysant les citations des scénographies de Buontalenti ou Giulio Parigi.

Antiquité romaine, dentelles gothiques et réminiscences contemporaines mélangent l'enfance à Metz, le voyage à travers la France, les premières villes d'Italie, le séjour à Rome, peut-être les autres cités visitées sur le trajet, mais aussi Naples et toutes les rencontres faites dans une existence, architectes et peintres, sculpteurs et graveurs, sinon poètes et philosophes. Le syncrétisme maniériste de Monsu Desiderio, son désir poétique, au sens étymologique, paraissent plus crédibles qu'une hypothétique schizophrénie, une quelconque maladie mentale, soit pour en faire le relevé clinique, comme tel psychiatre, soit pour s'en réjouir, sur le mode surréaliste. Les architectures de Nomé et Barra sont emblématiques, elles sont l'architecture en tant que telle, celle qu'on obtient en superposant les formes de toutes les époques, en sublimant, en créant une architecture tierce, comme Monsu Desiderio est un nom tiers qui dit autre chose, autrement et mieux que deux ajoutés seulement.

Maniériste ou baroque – Eugenio d'Ors dirait c'est égal, l'un est l'autre – Monsu Desiderio utilise l'architecture pour exprimer un monde, la quintessence du monde, en proposant des formes qui vaudraient pour toujours et partout, une sorte d'architecture universelle. Composite, syncrétiste et synthétique, elle dirait, dans l'absolu, le désir de formes durables, la volonté de dépasser la nature à l'aide de l'artifice et le perpétuel combat des hommes avec la nécessité. Dans ces murs, au pied de ces édifices, à l'ombre des colonnes, sous le regard des cariatides, dans l'écho de ces musiques congelées, le grand théâtre du monde se donne en représentation continue. Les personnages qui jouent leur rôle, les acteurs qui sont sur scène sont tous sous l'emprise de l'ange du bizarre, car le texte joué n'est pas écrit, sinon par Dieu qui seul sait. Et chacun découvre en l'endossant l'habit qu'on lui a destiné. Dans ces architectures se déploie la tragédie.

CHAPITRE 6

SCÉNOGRAPHIES POUR LA TERREUR ET LA PITIÉ

Scénographies
pour la terreur et la pitié

Le théâtre dit parfois plus et mieux que les longs traités philosophiques. C'est vraisemblablement pour cette raison qu'il a toujours été craint par les gens d'Église avertis du fait qu'on maniait avec lui des passions et des émotions, des sentiments et des sensations, des énergies et des forces d'une incroyable dangerosité. Sparte déjà fustigeait l'amollissement qu'elle estimait induit par les artistes, Platon lui-même dit à quel point il rêvait d'expulser les poètes de sa cité idéale, Rousseau enfin n'a pas manqué de brailler d'une seule voix ces deux positions confondues. Mais il y a toujours eu en face des pourfendeurs de scènes d'aussi nombreux amateurs de planches, y compris parmi les tenants de la morale et de la rectitude éthique.

Et puis il y a mieux, loin de ceux qui rient ou de ceux qui pleurent : celui qui pense, analyse, tâche de savoir pour quelles raisons le théâtre est cet enjeu idéologique majeur, à savoir Aristote.

En effet, dans sa *Poétique*, le philosophe stagirite démonte avec une redoutable précision les mécanismes de cet art majeur, et plus particulièrement de la tragédie. Les analyses de cette époque valent aussi bien pour Eschyle ou Sophocle, avant-hier, que pour Racine et Corneille, hier, ou Edward Bond aujourd'hui. Rien n'a pâli, rien n'a faibli.

La tragédie est un genre de toujours, et que ne pratiquent pas seulement les acteurs ou les auteurs de pièces théâtrales : on peut être un poète tragique, un philosophe tragique – Nietzsche a tout dit sur ce sujet –, un musicien aussi. Ou un peintre, bien sûr. Et Monsu Desiderio, avec sa grammaire d'objets spécifiques, certes, mais aussi avec une syntaxe et une sémantique qui lui sont propres, apparaît nettement comme un *peintre tragique*, c'est-à-dire le contraire d'un fou ou d'un malade, d'un schizophrène ou d'un déséquilibré, voire, et pour le dire en démarquant la terminologie surréaliste, d'un adepte avant l'heure de la peinture automatique. Un créateur tragique, dans les catégories aristotéliciennes, est bien sûr un être d'exception, un sujet singulier, soit naturellement doué, soit *en proie au délire* pour le formuler comme Aristote, c'est-à-dire qui peut sortir hors de lui et connaître les transports de l'enthousiasme, de la présence d'une force tierce en soi. Marqué par la bile noire, consubstantielle à l'homme de génie, l'artiste tragique est acteur d'un monde, de sujets et de personnages qui doivent permettre l'expression et la sensation de la Terreur et de la Pitié, les deux notions majeures qui fondent, déterminent et définissent la Tragédie.

La vie tragique oscille comme un pendule de droite à gauche, entre Terreur et Pitié, une fois le mouvement de répulsion, tant est grande la peur, une autre fois un mouvement d'attraction, tant est puissant le sentiment de sympathie qui nous porte à aimer l'autre, à compatir avec lui, aux souffrances, peines et misères qui sont les siennes. Retrait, attrait, les deux forces, comme si l'une était négative, l'autre positive, permettent de songer au recyclage aristotélicien des catégories présocratiques d'Amour et de Haine, d'agrégation et de désagrégation. Or, le moteur de ces émotions sont les passions humaines que le théâtre met si bien en scène.

D'où l'autre notion centrale dans l'économie du projet théorique d'Aristote : la *catharsis*, la purgation, la purification, qu'il faut entendre dans un sens sotériologique, païen. On se purifie lorsque l'on passe outre, que l'on va au-delà, ailleurs, plus loin que là où croupit ce dont il faut se purifier. Cette catharsis, c'est le projet de la tragédie, elle doit permettre à qui assiste en spectateur de se défaire des passions mauvaises qu'on aura mises en scène. Soit la

purification s'effectue parce qu'on aura vu, hors de soi, sur autrui, agissant sur une figure, un personnage, les effets néfastes de telle ou telle passion – l'envie, la haine, la jalousie, la passion amoureuse –, alors la catharsis est prophylactique, soit elle agit en faisant vivre à chacun qui est spectateur le spectre de ces passions, mais de façon participative, imaginative et homéopathique, alors elle est pharmacologique. Dans les deux cas, l'art tragique est un moyen d'édification d'une efficacité avérée.

Les buts ainsi posés, Aristote donne quelques moyens, dont le savant usage de l'*événement pathétique*. L'auteur du projet tragique doit, en effet, savoir user sans abuser des agonies et des assassinats, des douleurs très vives et des trahisons, des blessures et des afflictions, le tout dans un souci de vraisemblance car – méditons la citation à l'usage d'une lecture de Monsu Desiderio – « il faut préférer ce qui est impossible mais vraisemblable à ce qui est possible, mais n'entraîne pas la conviction ». Et les leçons valent bien sûr pour le poète, mais aussi pour le peintre, car Aristote les associe, les traite pareillement : l'un et l'autre sont entendus comme *faiseurs d'images*.

Faut-il démontrer plus avant combien, point par point, l'analyse aristotélicienne convient à ravir lorsque l'on cherche à comprendre la peinture de Nomé-Barra ? La Terreur ? On ne lui déniera pas le pouvoir de la solliciter lorsqu'il recourt à la gamme des catastrophes naturelles : de l'éruption volcanique au raz de marée en passant par le silence – contemporains des temps qui suivent l'apocalypse ; quand il s'appuie, pour sa démonstration, sur les catastrophes humaines : des assassinats aux guerres, des attaques de palais aux scènes qui montrent en acte des iconoclastes. Terreur, aussi, au moment où Lazare revient de l'autre côté du miroir où il était parti, terreur lorsqu'une explosion fait s'effondrer une église, terreur lorsque brûlent Sodome, Gomorrhe ou Troie, véritables brasiers qui illuminent jusqu'au ciel.

La Pitié ? Pareillement elle est visible dans les toiles des deux amis : lorsque l'on assiste au calvaire de Job, purulent sur son fumier, souffrant de n'être plus qu'une immense plaie ; quand on accompagne Abraham, un couteau dans une main, la gorge de son enfant dans l'autre, s'apprêtant à immoler son fils en forme de preuve de sa foi et d'hommage à sa divinité ; au moment où l'on voit le vieil Anchise s'accrocher aux épaules de son fils qui va le sauver de l'incendie et de la guerre qui ravagent autour ; ou bien ici, quand on descend le Christ de sa croix avant qu'on ne le conduise au tombeau, là quand on arrête saint Pierre et qu'on le destine aux tortures de la prison Mamertine. Terreur et Pitié, partout, mélangées, dans les nombreuses scènes de martyres

de saints, de saintes et d'évêques qui périssent sous la lame des païens, Agathe, Catherine, Dorothée et d'autres encore.

Aristote pour lire Monsu Desiderio, c'est parfois plus encore pertinent qu'on ne pourrait l'imaginer. Ainsi, les pages consacrées par le philosophe aux moyens d'exprimer cette Terreur et cette Pitié, dont celles dans lesquelles il affirme sans ambages que « pour la réalisation du spectacle, l'art du décorateur a plus de poids que celui des poètes ». Dont acte. Car Monsu Desiderio est aussi peintre de toiles dont les titres sont *Décors de théâtre*, deux fois avec Abraham, une fois avec de simples personnages évoluant dans un ensemble architectural.

On ne sait si ces peintures valent en elles-mêmes ou si elles ont été des réalisations réduites de projets décoratifs pour de véritables spectacles donnés à la cour napolitaine. Pourquoi pas, en effet. Mais rien ne permet d'affirmer ou d'infirmer cette hypothèse. Fidèle à son goût pour la citation d'architectures réelles dans ses propositions picturales, Monsu Desiderio peint ses décors comme s'il faisait ouvertement référence au théâtre olympique de Vicence (1580) construit par Palladio. Mêmes effets de symétrie, même équilibre, même saturation de l'espace avec un plan ouvragé.

L'époque est propice à de nouvelles généalogies scéniques, car, depuis Lope de Vega, on utilise des décors peints sur la scène même du théâtre. De même, l'opéra est en train de laisser place aux expériences théâtrales qui s'effectuent ici ou là, chez des particuliers ou dans la rue, et dans lesquelles on associe le texte et la musique, les paroles et la chanson. Les acteurs et metteurs en scène de miracles, soties, mystères et autres drames sacrés, à la fin du XVIᵉ siècle, recouraient aussi parfois à des décors peints pour mieux célébrer leurs textes. Tout cela aboutira peu ou prou à la naissance de l'opéra moderne dont on se plaît à fixer la date en 1600 avec l'*Euridice* de Peri. Monteverdi suivra bientôt, et avec lui les prouesses scéniques et vocales d'Orphée, Ariane, Tancrède, Clorinde, Ulysse, Poppée et les autres…

Dans cette floraison esthétique, et comme déjà le jeu fut joué avec Gesualdo pour la musique, peut-on mettre en perspective la peinture de Monsu Desiderio avec l'œuvre d'un auteur de théâtre contemporain ? Si Nomé et Barra avaient été des tragédiens de plume, qui auraient-ils été ? Sans conteste, il n'est point besoin de chercher longtemps, ce serait Calderòn de la Barca, l'écrivain emblématique du théâtre baroque. D'abord pour deux de ses titres qui valent comme une quintessence du baroquisme, sinon comme une éternelle vérité métaphysique : *La vie est un songe* (1631) et plus particulièrement *Le Grand Théâtre du monde* (1645). Tout le programme de Monsu Desiderio est dans ces deux titres, rien de plus, rien de moins.

Calderòn de la Barca, vieux misanthrope, revenu de tout, solitaire, vivait reclus dans sa maison, dont on dit qu'elle était un véritable musée de peinture. Je pense parfois que lors du voyage qu'il fit en Italie, et s'il avait eu l'occasion d'être mis en leur présence, le jeune homme espagnol qu'il était alors aurait bien pu se passionner pour les toiles de Monsu Desiderio : il aurait pu acquérir celle-ci ou celle-là pourvu qu'elles aient ramassé picturalement, comme elles le font si souvent, ces deux sagesses en forme de vérités, contenues dans les titres de ses pièces les plus célébrées.

Baroque, Calderòn l'était aussi lorsqu'il révolutionna le genre *Autos Sacramentels* dans lequel il excellait alors et qui permettait de célébrer le mystère eucharistique lors de la Fête-Dieu : il associa la musique au texte, se soucia fort de l'importance des décors dans la mise en scène, accéléra les actions pour les rendre plus dynamiques, traita de la psychologie des personnages comme d'un clair-obscur, usa de l'hyperbole et ne craignit pas de recourir à la démesure.

Que dit *Le Grand Théâtre du monde* qui pourrait bien être mis en perspective avec l'œuvre peint de Monsu Desiderio ? La pièce met en scène des figures allégoriques, des personnages conceptuels dont le Poète qui s'entretient avec le Monde, lui demandant de faire le spectacle en choisissant les acteurs et en décidant des intrigues. Les rôles sont distribués : le Riche use et abuse des facilités que lui permet l'argent, le Laboureur peine, travaille et proteste, le Roi est infatué par sa propre puissance dont il joue, la Beauté évolue satisfaite d'elle-même et de ce qu'elle prend pour ses perfections, le Mendiant quémande vainement, la Prudence affirme. Chacun joue son jeu entre deux portes, à droite le Berceau, à gauche, le Tombeau. Lorsque tous ont épuisé leur destin, lorsque la mèche est brûlée, le Monde désigne la sortie, puis distribue les récompenses et les punitions, paradis ou enfer, limbes ou purgatoire.

Calderòn effectue des variations baroques sur les couples d'oppositions qui font la métaphysique et la morale occidentales depuis son origine : réalité et illusion, raison et liberté, aspirations spirituelles et sollicitations sensuelles, passions et vertus. L'ensemble débouchant toujours sur les conclusions qui sont aussi celles de Monsu Desiderio : la vie est une occasion de mesurer sans cesse la vacuité des choses, la superficialité de nos certitudes, la précarité de toute entreprise, l'inanité de tout désir d'éternité, en un mot la vanité du monde. *Vanitas, vanitatum, omnia vanitas*, voilà les mots qu'inscrivent les baroques aux frontons de leurs temples, qu'ils associent en contrepoint aux portées de leurs musiques, signifient dans leurs allégories picturales, ou sculptent chacun dans leur langue. Borromini, Gesualdo, Calderòn de la Barca, Monsu Desiderio célèbrent la puissance du négatif, en montrent les aléas, les tournures, le tout dans une volonté d'édification, car il n'est pas de talent pour les *vanités* sans une même vertu pour la positivité.

Déjà Aristote constatait que les poètes qui l'avaient précédé faisaient parler leurs personnages comme des *citoyens*, alors qu'à son époque ils ne s'exprimaient plus que comme des *rhéteurs*. On pourrait ajouter qu'à l'époque de Calderòn ou de Monsu Desiderio, ils ne se manifestaient plus qu'en la langue des *prédicateurs*, des spécialistes d'apologétique. C'était le cas pour l'homme de théâtre espagnol, ça l'est aussi pour Nomé et Barra qui, picturalement, donnent une leçon et supposent une issue possible à la tragédie. Terreur ou pitié ? C'est un mouvement, ai-je dit, une oscillation perpétuelle, un balancement entre deux pôles magnétiques. Soit. Mais pour arrêter d'être soumis soit aux images terrorisantes, soit à celles qui supposent l'effusion et le condouloir, on peut imaginer une immobilisation, une fixation de cet appareil diabolique et de sa sinistre dynamique.

Dans la paix, la sérénité et le calme, on ignore tout de la Terreur et de la Pitié. Et où trouve-t-on ces viatiques chez Monsu Desiderio ? Dans quel lieu, quel endroit, quelle architecture ? Y a-t-il alternative aux assassinats et aux pluies de cendres brûlantes, aux décollations, aux décapitations et aux raz de marée ? Peut-on enfin échapper aux exils et à l'errance, aux fuites devant le feu et aux angoisses qui ravagent ? Oui, on le peut. Dans les églises, sous les voûtes, derrière les piliers, dans l'architecture vaste et silencieuse des nefs qui sont comme une voilure de bateau dans un havre. Elles sont montrées de l'intérieur, au contraire de toutes les autres architectures de Nomé et Barra, généralement impénétrables et n'apparaissant qu'en façades.

Douze toiles, sur la centaine qu'en comporte l'œuvre complète, montrent ainsi des intérieurs d'églises ou de cathédrales dans lesquelles règnent la symétrie, l'ordre, la répartition exacte, au cordeau, des formes, des volumes et des espaces autour d'une verticale qui sépare la peinture en deux espaces absolument superposables, construits comme en miroir. Ces lieux sont à ce point gages de sécurité qu'on ne peut y lire que des scènes heureuses, douces et tendres, optimistes, sinon réjouissantes, des scènes qui à chaque fois célèbrent le culte marial – une circoncision de l'enfant Jésus, une présentation au Temple, un mariage. Vraisemblablement, François de Nomé et Didier Barra signent bien souvent, et là plus particulièrement, une œuvre de catholiques inscrits dans le mouvement de l'époque, la Contre-Réforme qui s'appuie avec force dévotion sur les épisodes de la vie de Marie, la Vierge qui fait sourire les protestants. Du théâtre du monde et de la cité terrestre au spectacle de l'Église qui préfigure la cité céleste, il y a tout le trajet qui conduit l'ignorant à la sagesse, pourvu qu'il ait fait le détour par les vanités et les leçons qu'on leur doit.

CHAPITRE 7

US ET COUTUMES DU DRAGON

Us et coutumes du dragon

L a question aurait pu faire l'objet des interminables discussions scolastiques d'antan, avec *questio*, *disputatio* et tout l'arsenal rhétorique cher aux siècles passés : *comment peut-on peindre le Mal ?* Quelles formes peut-on donner au négatif quand on est peintre et qu'on a pour tout moyen sa palette, son pinceau et sa toile ? Dessiner le Mal, peindre le Mal, agencer sur une surface plane de quoi raconter le Mal dans toute sa superbe, la tâche n'est-elle pas impossible ? Comment le montrer polyvalent, polymorphe, capable de tout, partout ? De quelle manière figurer sa complexité, sa nature composite, protéiforme ? Quels moyens mettre en œuvre pour raconter, de manière ramassée, que ce qui mène le monde, selon l'excellente croyance des gnostiques anciens, c'est le Mauvais Démiurge ? Dire les guerres et les famines, les charniers et les déportations, les assassinats et les crimes, les pluies de feu et de sang sur les cités, les damnations sur des peuples ?

De Remus et Romulus, Caïn et Abel, aux guerres qui déchirent aujourd'hui la planète, en passant par les exactions innommables qu'ont inventées les hommes à cause d'un dieu ou d'une idée, il n'y a qu'une allégorie possible, un seul emblème : le *Dragon*.

Analogon du négatif et du mal, il en est une Forme emblématique : son corps, sa gueule, les circonvolutions de son ventre, de sa queue, les références anatomiques qu'il mélange, les griffes du félin, le ventre du reptile, les pattes arquées et couvertes de plaques en kératine du saurien, les ailes en peau déployées autour de ramures qui rappellent l'envergure des vampires et des chauves-souris, les yeux du carnassier et du prédateur, les mâchoires dotées de crocs, de dents acérées, les cornes des mammifères qui déchirent : le Dragon est un collage d'oiseau, de félin, de saurien, de reptile, de mammifère, il est tout et rien, mélange et résultante d'un assemblage. Ni chair ni poisson, bien qu'à l'aise dans tous les milieux, il a les ailes pour voler, les pattes et la queue des sauriens qui nagent, marchent ou se déplacent aussi sur terre. Son antre est sous les surfaces, sous l'eau ou dans la terre. Partout, il est partout. Comment mieux dire de la figuration du mal qu'elle est en creux, en négatif, la figuration des pouvoirs et des potentialités de Dieu qu'on sait omnipotent, omniprésent et omniscient ?

Son souffle est délétère, sa respiration venue des naseaux de son mufle est pourvoyeuse de mort. La langue bifide, qui parfois sort de la gueule, dont peut s'échapper aussi du feu craché, illustre à satiété que le Dragon est l'autre *allure* du serpent. Elle trahit la parenté du quadrupède malin avec l'animal sifflant qui sévit un jour dans les jardins presque enchantés du paradis originel et qui put mener à bien ses projets pervers, avec la victimisation d'une femme. Le Dragon, c'est le péché originel, bien sûr, mais c'est aussi, *La Tour de Babel* en fait foi, le désir et la volonté de puissance, les passions et les pulsions, l'orgueil ou la vanité, la curiosité ou la rébellion. C'est même l'ombre de toute action qui peut contrarier Dieu.

Car il ne saurait y avoir de portrait du Dragon sans le contrepoint d'un *portrait de Dieu* qui le confirme et le rende possible. Et avant d'en mieux cerner la nature, on verra un saint soldat venu de Cappadoce le représenter sur terre – Georges, le cavalier, le guerrier, le combattant, l'homme à la lance, le saint aux armes. Monsu Desiderio a peint un *Saint Georges terrassant le dragon* en 1622, vraisemblablement en ayant eu une connaissance fine et précise des péripéties et des détails tels qu'ils sont rapportés par Jacques de Voragine dans *La Légende dorée*.

Un Dragon faisait régner la terreur dans l'enceinte d'une ville, son souffle ravageait la population. Pour calmer l'ardeur de l'animal, il fallait chaque jour lui offrir des victimes en lui présentant deux brebis. Lorsque les animaux vinrent à manquer, la bête exigeant toujours son tribut, on lui offrit des hommes dont l'identité était tirée au sort. Un jour, ce fut le nom de la fille du roi qui sortit des sollicitations du destin. Le père refusa, différa, mais ne put résister à la pression populaire. La jeune fille vierge se mit en chemin pour être dévorée par le Dragon. Vraisemblablement, les psychanalystes ne se priveraient pas de voir là une allégorie sexuelle : un Dragon libidinal et une jeune vierge à déflorer, quelle aubaine ! Après tout, l'hypothèse montrerait l'une des variations possibles sur le thème du Mal tel qu'il est entendu dans la tradition judéo-chrétienne : devoir user du corps comme tout mammifère digne de ce nom.

Sur la route apparut saint Georges, sorte de chevalier servant, de prince ayant à combattre pour gagner la fille du roi, mais dans le dessein chaste et pur de remettre à Dieu, unique détenteur du pouvoir suprême sur tous, l'usage de l'âme sauvée. Georges voulut bien combattre le Dragon, mais sous la seule et expresse condition que la population de la ville se convertisse. Ce qu'elle fit. Le Dragon fut vaincu. Le Mal put être terrassé grâce à la sainte intercession de

Georges, mais dans le dessein d'agrandir le pouvoir et la puissance de Dieu.

La lance de Georges, dont la bannière au vent fait fort opportunément figure de bras horizontal pour constituer allégoriquement une croix symbolique, est l'instrument de la crucifixion de la bête. René Girard se réjouirait d'un pareil matériel conceptuel : le bouc émissaire, la substitution de l'homme à l'animal dans le processus de désignation d'une victime propitiatoire, la violence symbolique et le sacré, la mise à mort rituelle comme fondatrice d'une communauté qui peut ainsi durer, tout l'arsenal de sa philosophie trouverait ici matière à d'amples illustrations et confirmations.

Ce que fonde et permet l'immolation de l'animal, c'est la communauté, *ecclesia* en latin, ce qui donnera l'Église entendue dans son premier sens – le seul, celui qui n'aurait jamais dû disparaître – à savoir, l'assemblée des fidèles, indépendamment même de leur regroupement géographique ou de leurs retrouvailles dans un lieu. Cette Église, elle est montrée par Monsu Desiderio – nous l'avons vu – comme le lieu de la paix, de la sérénité, du calme harmonieux. Instance d'équilibre et lieu de résolution des contradictions par le jeu des symétries, des répartitions justes de forces apparaissant en plénitude, elle est l'espace dans lequel s'effectue la conversation intime, sacrée et silencieuse avec Dieu. Mais quelle idée François de Nomé et Didier Barra se sont-ils fait de Dieu ?

Ce que montre leur peinture est évident : insensibles au Dieu des philosophes, ils préfèrent celui d'Abraham, d'Isaac et de Jacob, celui qui, parce que invisible, ne se découvre partiellement que dans ses œuvres et ses effets. Lesquelles en l'occurrence ? Monsu Desiderio retient l'idée d'un Dieu courroucé, vengeur, agressif, tueur ou massacreur. Son Dieu est celui de l'Ancien Testament qui n'hésite pas à conduire Abraham au bord de l'infanticide pour éprouver la nature puis la solidité de son amour pour Lui ; c'est celui qui donne raison à Satan en acceptant de conduire Job sur les pires chemins de la souffrance dans le seul dessein, une fois encore, de prouver à un tiers qu'on l'aime bien comme il veut être aimé, totalement, absolument, intégralement ; c'est celui qui envoie deux anges dans des villes où les pécheurs sont nombreux et qui transforme Sodome et Gomorrhe en brasiers dans lesquels se consument hommes et femmes. Dieu, chez Nomé et Barra, aime le sang et la destruction, le crime et la douleur, il aurait pu, celui-là, plaire au marquis de Sade.

Dans les deux toiles qu'il consacre à illustrer le portrait caché de Dieu, Monsu Desiderio reprend à son compte la tradition misogyne du judéo-christianisme. Ne revenons pas sur la généalogie de la haine des femmes telle qu'elle apparaît dans la Bible : Ève est un bouc émissaire idéal, on connaît l'histoire. Mais préférons d'autres sujets extraits de l'histoire sainte, par exemple l'histoire de Job. Dans *Job et sa femme*, la peinture de Nomé et Barra ne montre pas l'homme souffrant avec l'un de ses interlocuteurs, Eliphaz de Témân, Bildad de Chouah, Elihou le Bouzite ou Sophar de Naama, mais avec son épouse lorsqu'elle lui dit – c'est sa seule intervention dans l'ensemble du livre : « Vas-tu encore persister dans ton intégrité ? Maudis Dieu et meurs. »

Couvert d'un cancer de la peau, en deuil de ses enfants, défait de tous ses biens matériels, accumulant toutes les catastrophes possibles et imaginables, alors qu'il souffre pour le bon plaisir de la démonstration divine, Job doit encore supporter le discours tentateur d'une femme qui l'enjoint de maudire Dieu, de blasphémer et de la rendre veuve au plus vite. Certes, il n'y succombera pas, mais le vent du boulet n'est pas passé loin, et une fois encore sous la forme d'une femme tentatrice qui invite aux travers du péché plutôt qu'à la voie chrétienne.

Veut-on une autre preuve ? Allons la chercher dans l'histoire de Sodome et Gomorrhe que Monsu Desiderio met en scène à deux reprises. Dans *Incen-*

die de Sodome et Gomorrhe, le peintre est fidèle à l'histoire telle qu'elle apparaît dans les Écritures Saintes : parce que les deux cités grouillent de pécheurs, Dieu a décidé d'anéantir les deux villes, les habitations et leurs occupants. Abraham a bien plaidé, il a obtenu du Très-Haut qu'il épargne ceux des justes qui s'y trouveraient. Deux anges se mettent en route et cherchent un gîte. Loth s'empresse de le leur offrir, n'ignorant rien du type d'hospitalité que réservent les sodomites quand ils ouvrent leur demeure. Les deux créatures ailées doivent faire face à la demande de quelques habitants venus s'inquiéter de l'identité des nouveaux arrivants. Ils sont en quête de nouveaux sodomites d'adoption – le commentaire du texte dans l'édition d'Osty ne fait aucun mystère du fait que les citoyens sont en demande d'une *connaissance biblique* des anges.

Pour protéger les deux envoyés de Dieu – on apprend au passage que des créatures dépourvues de sexe peuvent craindre tout de même pour leur intégrité –, Loth offre en substitution ses deux filles aux libidineux. Les anges semblent apprécier le geste, le refusent tout de même, y voient le signe qu'ils sont dans la maison d'un juste, et lui offrent le salut. Aveuglant les sodomites, tout à leur ophtalmie, ils emportent Loth, sa femme et ses deux filles en dehors de la ville. Sous la condition expresse qu'ils ne se retourneront pas sur le chemin, les deux créatures ailées leur promettent la vie sauve.

Bien sûr, le vieil homme obéit et ses deux filles aussi, mais, tenaillée par la curiosité, un vice de première classe, et qu'on prétend spécifiquement féminin, l'épouse de Loth brave l'interdit, se retourne et n'a peut-être pas même le temps de voir la pluie de soufre et de feu qu'envoie Dieu sur la ville, car, un œil sur son holocauste, un œil sur la famille de Loth, le Très-Haut pétrifie immédiatement la femme pécheresse qui a transgressé son interdit. Dans un détail, mais sans conteste, la peinture la montre punie et figée pour l'éternité.

Des femmes pécheresses, tentatrices et curieuses, vicieuses et perverses, des hommes qui subissent une malédiction d'occasion, sotériologique et propédeutique au salut, tout cela, sur le terrain mythologique chrétien, permet un véritable portrait de Dieu. Par ses œuvres, il apparaît tel qu'en lui-même : autocrate, jaloux, vindicatif, violent, criminel, imperturbable dans ses décisions et dans sa volonté, sans l'ombre d'un remords, dominateur et sûr de lui, inquiétant à plus d'un titre et certainement très loin du Dieu d'amour et de miséricorde tel qu'il apparaît transfiguré dans et par les Évangiles. Marie au temple, lors de son mariage, pour la circoncision, donnera à Monsu Desiderio l'occasion picturale d'opposer

Dieu, figure de Père intraitable, à Marie, figure de Mère aimante. L'esprit de la Contre-Réforme est là tout entier, une fois encore.

Ce portrait de Dieu montre à l'envi ce que peut être une Puissance architectonique à qui l'on prête des qualités humaines, des comportements immanents – Feuerbach a dit tout ce que l'on pouvait dire au sujet de cette étrange alchimie dans laquelle il voyait la généalogie humaine de Dieu. Il est doublé d'un portrait des hommes qui permet de comprendre comment l'un et l'autre fonctionnent en contrepoint : c'est parce que les hommes sont ce qu'ils sont que Dieu est ce qu'il est.

Le *portrait des hommes* fait par Monsu Desiderio est celui de ce qu'après Freud on pourrait appeler la *pulsion de mort*. Les deux peintres, lorsqu'ils montrent les hommes, les décrivent presque exclusivement en proie à Thanatos. Derrière saint Georges terrassant le dragon, en miniature, deux hommes se battent, l'un levant une arme sur l'autre. Quintessence de toute altérité vue sur le mode de l'intersubjectivité agressive. Hégéliens avant la lettre, François de Nomé et Didier Barra lisent les relations entre les individus comme une perpétuelle lutte des consciences de soi opposées. Peut-on leur donner tort ?

Le Dragon, quand il n'est pas chevauché par Dieu pour le besoin de ses démonstrations, est mis en demeure de répandre les maux sur la terre via les guerres, les crimes, les meurtres, les assassinats dont participent les martyres qui sont en fait un condensé de toutes ces exactions. Les guerres de religion avaient fait des hécatombes sans nom, elles avaient entraîné des victimes en quantités considérables, des comportements inhumains, au sens étymologique, ont été répertoriés à l'occasion. La guerre de Cent Ans n'était pas si loin, et chaque jour les factions qui se combattaient dans les provinces italiennes laissaient nombre de cadavres sur les bas-côtés.

On meurt beaucoup dans la peinture de Monsu Desiderio : décapité, assassiné, torturé, martyrisé. L'abondance des scènes de martyres est notable. Mais on périt aussi parce que la soldatesque force les portes d'un château, attaque une bastide, brise et défonce les portes, envahit les villes, met à sac, pille, viole, brûle, détruit, sacrifiant en toute sauvagerie à la pulsion de mort comme à une divinité malsaine.

Dans les écroulements, les éboulements et les architectures effondrées chers à Monsu Desiderio, Thanatos sévit encore et toujours. Car c'est au milieu de ces débris de pierre, comme en d'apocalyptiques régions, que se perpètrent crimes et assassinats. Les scènes de martyres, bien sûr : Sébastien et Janvier,

Pierre et Jean-Baptiste, Agathe, Catherine, Dorothée, Ursule, des saints et des évêques, autant de
têtes coupées, de bustes décapités, de flots de sang,
de lames d'acier trempées dans l'hémoglobine,
autant d'armes blanches effilées et passées par le
corps de ceux qui témoignent pour l'œuvre de Dieu,
sa grandeur, sa vérité, sa puissance, en transfigurant
la douleur en prière, la persécution en salut.

Ne reculant pas devant la possibilité de souligner
la cruauté des femmes, outre Salomé se réjouissant
d'une tête de saint Jean-Baptiste, Monsu Desiderio
met en scène un homicide dans *Assassinat et architectures imaginaires pendant la nuit*. Pierre Seghers
avance l'hypothèse qu'il pourrait s'agir de *Cenci assassiné par sa fille Béatrice*. Pour avoir vu le même sujet
traité par Paolo de Matteis (1662-1728) dans une toile
éponyme exposée au musée de Rouen, il me semble
qu'il s'agit bien plutôt de *Jahel et Sisara*. En effet, le
mode d'assassinat est assez singulier pour qu'il arrête
l'attention : dans les deux toiles de Monsu Desiderio
qui illustrent ce thème, une femme est aux pieds d'un
homme allongé à terre et tient dans sa main droite
un marteau, dans sa gauche un stylet qu'elle s'apprête
à lui enfoncer dans la tête.

C'est ainsi qu'est décrite la mise à mort de Sisara
par les mains de Jahel dans le livre des Juges (iv, 12-
24). Ce général cananéen s'était enfui d'un champ de

bataille où il venait de perdre un combat contre les Hébreux. Après qu'elle l'eut accueilli, lui eut donné à boire et à manger sous la tente où elle vivait, Jahel profitera du sommeil du guerrier pour lui clouer la tête au sol, en s'aidant d'un maillet et d'un piquet qu'elle avait arraché à son habitation. Après son geste, elle appela le chef des Hébreux. Son action lui valut d'être placée à la tête des héroïnes d'Israël.

En dehors des assassinats, des péripéties qui opposent tel ou tel individu sur le terrain religieux, on peut également pointer les effets de Thanatos entre les peuples, les races ou les nations sur le terrain laïc. La guerre, par exemple, permet à Nomé et Barra de peindre Troie qui fournit le prétexte, bien sûr, à de beaux incendies, à de superbes écroulements, à de pathétiques et tragiques scènes qui deviendront *sublimes* aux yeux des analystes rompus aux catégories romantiques. Et puis, le conflit entre les Achéens et les Troyens permet l'apparition du fameux cheval dans la peinture de Monsu Desiderio, un argument supplémentaire pour inscrire l'œuvre dans la tendance maniériste du courant baroque de l'époque. Car les historiens d'art ont montré combien le cheval de Troie est récurrent dans l'art maniériste où il apparaît comme allégorie de la ruse qu'on trouve magnifiée aux deux extrémités de la période maniériste, à son origine avec Bathazar

Graciàn, à son extrémité avec Machiavel. La ruse comme moteur de l'histoire qui permet ensuite la violence et l'assujettissement dans l'histoire, voilà une leçon supplémentaire en forme de variation sur le thème de la pulsion de mort.

Le texte de Virgile est riche en détails qui permettent d'exciter la palette de Monsu Desiderio : les lueurs d'incendies qui éclairent la ville et les environs jusqu'au port de Sigée, les incendies qui ravagent la cité, les scènes de pillage, le palais de Priam, forcé, défoncé, saccagé, le roi mis à mort, mille cadavres qui jonchent les rues, les marches des palais, celles des lieux de culte ou des édifices civils. Et puis les présages dans le ciel à l'intention d'Énée : des éclairs qui zèbrent la nuit et des embrasements rougeoyants, des étoiles filantes qui indiquent des directions salvatrices, des voix de mânes bien disposés à l'endroit du fils d'Anchise qui sauve sa famille, Créuse sa femme, Ascagne son enfant, Anchise bien sûr, porté à dos de fils jusqu'aux portes de la ville avant le retour au combat. Du moment où Énée revient à Troie les armes à la main, Virgile écrit : « Déjà le feu dévorant, attisé par le vent, tourbillonne jusqu'au faîte, les flammes dépassent le toit, l'incendie roule ses vagues furieuses dans les airs. » Bientôt, ce seront les ruines.

CHAPITRE 8

MÉTAPHYSIQUE DES RUINES

Métaphysique des ruines

L e spectacle d'une église qui s'effondre, souf-
flée par une explosion, voilà qui peut sembler
une vision extraordinaire, sinon extravagante
tant on sait la solidité de ces édifices voulus par
la chrétienté, si possible comme un symbole plusieurs fois millénaire de sa puissance. Les églises
résistent aux guerres, aux tremblements de terre.
Plus tard, elles se dresseront seules et orgueilleuses
au mileu des gravats dans les villes détruites par les
armes modernes d'une puissance et d'une efficacité
redoutables. L'architecture qui dure, c'est l'idée l'ayant
permise qui perdure et se transmet, apparaît dans sa
victorieuse évidence, malgré le temps et l'entropie.
L'édifice majestueux, c'est le contraire d'une ruine
qui manifeste toujours Dionysos, la puissance vitale
du végétal, contre Apollon, la fragilité conceptuelle
des formes voulues par les hommes.

Or, après avoir montré la magnificence de l'église,
aussi bien le bâtiment que les idées qui la soutien-

nent, Monsu Desiderio met en scène une *Explosion dans un église*, étrange toile, atypique et singulière. Les beaux agencements montrés jadis comme des réussites d'équilibre et d'harmonie entre les formes, l'élégance des colonnes corinthiennes qui soutenaient de superbes voûtes et permettaient une répartition de toutes les forces dans le dessein commun d'une architecture monumentale, tout cela est mis à mal, en péril. Et l'on assiste à la peinture de l'instant catastrophique, entre celle des édifices sereins et celle des ruines qui subsistent.

En peignant le temps et ses métamorphoses par le biais de la forme architecturale, François de Nomé et Didier Barra optent soit pour le passé heureux des églises où il fait bon méditer ou prier, se recueillir, soit pour le présent où l'on risque le pire, l'explosion, l'incendie, l'écroulement, soit pour le futur où menacent les bâtiments ravagés, effondrés et détruits. Le moment peint par Monsu Desiderio est une action, en l'occurrence une explosion. Que trouve-t-on à l'origine d'un pareil fait ? Une volonté délibérée, humaine, un désir, car on imagine mal ce qui, dans une église, à cette époque, peut exploser de manière accidentelle : les bougies, les cierges ou l'huile du saint sacrement peuvent tout au plus induire un incendie, pas une explosion. Mais pourquoi, donc, cette déflagration qui appelle la poudre ou l'explosif installés à dessein ?

Cherchons dans l'histoire qui a pu ici ou là s'illustrer en commettant pareil forfait. Quel homme, quelle faction, quelles idées aussi. Et l'on trouvera par exemple un certain capitaine Merle, militaire huguenot, qui, en France, avait fait miner, puis exploser les piliers de la cathédrale de Mende, et pareillement dans l'église romaine d'Issoire, en 1579. De même on se souviendra du prince de Condé en personne, lui aussi protestant, installant la poudre aux pieds des colonnes de la croisée de la cathédrale d'Orléans dans le but de mener à sa façon le combat pour l'Église réformée, en s'attaquant aux symboles plastiques du catholicisme.

Pierre Seghers reprend l'hypothèse de Lebensztejn et opte pour une représentation d'*Asa détruisant le temple de Priape*. Je ne souscris pas à cette version. D'abord, parce que le premier iconoclaste venu, pourvu qu'il soit originaire des Écritures Saintes, (I Rois xv, 11-24 et II Chroniques xiv-xvi) ne saurait suffire pour désigner un briseur d'idoles. Ensuite, et surtout, parce que l'idée que je me fais d'un temple de Priape ne correspond pas du tout à un intérieur d'église catholique. Ne serait-ce que pour le genre d'icônes qu'on y vénère et qui ne sauraient faire l'objet d'aucune confusion : qui distinguerait mal un phallus turgescent d'une crucifixion mélangerait dangereusement les genres.

L'iconoclasme et les talents d'artificiers des protestants semblent pouvoir être sollicités pour qu'on voie plutôt dans cette toile une peinture nettement emblématique de la Contre-Réforme, qui montre, d'une part, des partisans de Luther s'acharnant sur une statue descendue de son socle ou de sa niche, d'autre part, les effets du projet d'un artificier mâtiné de théologien nettement déterminé à faire s'écrouler l'édifice catholique, l'Église, soit entendue dans son premier sens comme l'assemblée des fidèles se réclamant du Dieu judéo-chrétien, et plus spécifiquement catholique, soit dans son sens second, comme bâtiment, architecture destinée à recueillir les réunions des premiers. Aussi, ces deux hommes, dont l'un utilise une lance qui rappelle celle de saint Georges luttant contre le dragon, l'autre un marteau qui renvoie au geste assassin de Jahel, pourraient bien être, comme les hommes du fond qu'on voit dans le chœur, des activistes réformés.

Pour autant, et en vertu du fait que les auteurs de l'attentat explosif ne sont ni montrés, ni mieux suscités, on peut également songer à une seconde lecture qui abandonnerait le bas-côté nord de l'édifice aux protestants, le premier péril rencontré par l'Église, alors que le bas-côté sud reviendrait à ceux qui représentent l'autre risque encouru par le catholicisme : les philosophes modernes, soit les scientifiques, les astronomes, les penseurs, sinon les écrivains et tous ceux qui illustrent à l'époque la fin du monde clos et la naissance de l'univers infini. À gauche de la toile, les armées de Luther, Calvin, Zwingli, à droite, les thuriféraires de Galilée, Giordano Bruno, Campanella. Au nord, venus d'Allemagne, les réformés, au sud, venus d'Italie, les modernes.

Ici, ceux qui veulent en finir avec les dérives du catholicisme et les dogmes infligés à partir et avec l'aide des docteurs de l'Église, là, ceux qui souhaitent dépasser les antiquités issues de l'aristotélisme et de la scolastique. Dans les deux cas, l'ennemi est le même. Alors se profile le règne de la Raison, celle qui permet d'aller directement à la Bible, sans le détour infligé par les commentateurs habilités, et celle qui autorise les réflexions sans la médiation des autorités patristiques ou orthodoxes. À chaque fois, l'église paraît inutile et incertaine, sans intérêt, sans usage. L'effondrement de l'église produit les conditions de possibilité d'une émancipation de l'individu, seul avec sa raison pour appréhender le monde, le réel et le cosmos.

Faut-il voir, à droite du narthex, l'effondrement de l'édicule gothique – une chaire ? – comme symbolisant la fin, aussi, de tout ce qui paraît *gothique* dans

117

l'église, c'est-à-dire ancien, dépassé, inapproprié aux temps modernes ? Pourquoi pas ? Les catholiques eux-mêmes seront bientôt pris de la même fureur vandale que les protestants, et on leur devra la destruction de nombre d'œuvres gothiques sous prétexte qu'elles n'étaient pas à la hauteur de la nouvelle grandeur catholique, parce que trop frustes, sommaires et barbares. En forme propédeutique à ces carnages de pierre, Rabelais, Molière, La Bruyère et Fénelon en France ont écrit pis que pendre du gothique. Les catholiques les entendront...

Mais si le gothique, c'est-à-dire l'ancien, explose ainsi sous les coups d'abord des modernes, puis des papistes à la remorque, quel était-il ? À quoi pouvait bien ressembler la tradition usagée et qu'est-ce qui l'a fait apparaître ainsi ? Peut-être doit-on chercher dans cette église qui explose trace des querelles qui, à l'époque, se sont entretenues autour de la question de l'augustinisme, notamment du jansénisme. Car dans l'œuvre de Monsu Desiderio, on ne compte pas moins de quatre toiles qui prennent pour prétexte esthétique le Père de l'Église auteur de *La Cité de Dieu*.

L'augustinisme est un enjeu majeur des oppositions et des réflexions théologiques de l'époque, au point qu'à deux moments, en 1611 et en 1625, Rome interdit purement et simplement qu'on s'en occupe et qu'on publie sur le sujet. Jansénius mort et enterré, son *Augustinus* (écrit en 1628) paraît de manière posthume (1640). Charges de l'Inquisition, puis des jésuites, qui obtiennent la condamnation de l'ouvrage, enfin de Rome qui, par deux fois (Urbain VIII en 1642 et Innocent X en 1653) publie des bulles officialisant la condamnation des cinq thèses du livre présentées comme hérétiques.

Que disait Jansénius qui pût intéresser Monsu Desiderio ? Que Dieu avait décidé arbitrairement d'accorder, ou non, sa grâce à tel ou tel suivant son bon vouloir, et que le genre de vie mené par l'élu ou par le réprouvé d'avance ne changerait rien à l'affaire. Quiconque était destiné au salut, ou à la damnation, ne pouvait aucunement agir sur son destin par une vie pieuse ou débauchée pour mériter de se sauver ou de se perdre. Autant dire que, en niant l'existence du libre arbitre et en affirmant la toute-puissance de la volonté divine, Jansénius semblait rendre possible toute licence dans la vie quotidienne. D'où le risque de paraître délivrer un blanc-seing aux libertins, athées, déistes et autres païens contre lesquels luttait la peinture apologétique de Nomé et Barra – dont il faut d'ailleurs dire qu'elle était, à Naples, presque exclusivement commanditée par les jésuites, ennemis du jansénisme.

Et saint Augustin, dans cette affaire? Il est montré dans un paysage de ruines, un port, au bord de la mer. On peut comprendre les effondrements de plusieurs manières. La plus triviale consiste à retrouver dans cette ville ravagée les traces d'Hippone (dans laquelle le Père de l'Église avait été évêque) récemment ravagée par les vandales. Fondée par les Phéniciens, romaine depuis deux siècles au moment où passent les barbares (440), la cité avait été construite sur l'ancien sanctuaire de Baal Hammon, devenu Saturne. Théâtre, thermes, temples classiques, Hippone était un carrefour syncrétique où les pierres racontaient à qui voulait les lire toutes les divinités

qui s'étaient succédé dans l'esprit et l'âme des habitants. Lors même que la ville aura disparu dans la vase, un immense pilier rappelant la magnificence des thermes se dressera encore. En attendant, Augustin connaît là, dit-on, ses dernières années dans l'amertume et la tristesse. Jacques de Voragine raconte : « Ses larmes lui servaient de pain le jour et la nuit, en voyant ceux-ci tués, ceux-là forcés de fuir, les églises veuves de leurs prêtres, et les villes détruites et sans habitants. » Faut-il souligner ? Toujours très bien informé sur ce que pensaient ou ressentaient ses héros, l'auteur de *La Légende dorée* ajoute : « Il se consolait par cet adage d'un sage qui disait : Celui-là n'est pas un grand homme qui regarde comme chose extraordinaire que les arbres tombent, que les pierres s'écroulent et que les mortels meurent. » Puis, après cette invitation à pratiquer la *vanité* comme un genre métaphysique, il trépassa…

Certes, ces ruines peuvent aussi être entendues, non plus comme contemporaines du sujet, mais du peintre. L'abondance des paysages ruiniques chez Monsu Desiderio, leur permanence formelle, allégorique et symbolique, malgré la multiplicité des époques au cours desquelles se déroulent les faits représentés, tout cela renvoie à des ruines entendues comme étant celles du XVIIe siècle. Ne revenons pas sur leurs causes, on se souvient que réformés et modernistes sapent et détruisent les églises avec un savoir-faire redoutable.

On peut enfin, au-delà de l'histoire ancienne ou contemporaine, imaginer la ruine comme une allégorie, un genre inventé, parce que porté à son paroxysme par Monsu Desiderio. Elle exprimerait la vanité, déjà connue et pratiquée chez les Flamands avec les registres végétaux et animaux. Cette fois-ci, elle apparaîtrait sur le terrain spécifiquement minéral, qui plus est minéral architecturé par la volonté de l'homme. La leçon ici donnée est telle que la formulera Diderot un siècle plus tard lorsqu'il écrira sur la peinture ruiniste de Hubert Robert, et qu'il posera les linéaments d'une *poétique des ruines* – dont il dit qu'elle est encore à faire – dans laquelle il développera, sur quelques lignes, l'idée que rien ne dure, pas même ce qui paraissait solide, immortel, éternel, et que seule la mort triomphe.

Bien sûr, la ruine dit ici ce qu'ailleurs racontent les fleurs fragiles, les insectes, les fruits ouverts, les couteaux en déséquilibre sur le bord des tables, les carafes et les verres en cristal précieux et fin à l'extrême, les crânes et les sabliers, les fétiches du savoir, du pouvoir et de ce qu'en des termes définitifs Pascal appelait *divertissement*. La ruine exprime ce que dit la vanité *en pire* : car, à l'évidence, on sait la fugacité de ce qui est fragile, on imagine la précarité de ce qui est éphémère, mais on ne sait peut-être pas que le minéral, la pierre, la dureté de la matière et ses agencements, tout cela aussi est périssable, mêmement. Les pétales d'une fleur et les tours d'un château, les fruits délicats et les voûtes en plein cintre d'une église, tout est à égalité devant le temps et son absolue puissance. Les symboles du pouvoir, spirituel ou temporel, laïc ou religieux, l'Église et l'État, châteaux et cathédrales, villes et palais, c'est tout comme : la mort aura raison de cela. Toute forme est périssable, sans aucune exception.

Reste la mer. Car saint Augustin, dans ces ruines allégoriques, voit l'Océan menacer jusqu'aux ruines. L'eau grimpe, lèche le rivage et semble s'apprêter à tout engloutir. La signification de la mer, ici ? Comme pour les ruines, on pourrait d'abord imaginer qu'elle est réelle. Alors il faudrait pointer l'estuaire du fleuve la Seybouse sur lequel le port d'Hippone était construit, de plain-pied avec la Méditerranée. Mais cette géographie réelle peut aussi être complétée par une autre, allégorique celle-là, qui convoque les *Confessions* et plus particulièrement les pages consacrées par Augustin à l'*arrière-fond des allégories*. On y lira d'étranges variations sur le thème de la mer.

Monsu Desiderio a-t-il lu ces pages, les connaissait-il par quelque biais que ce soit ? On n'en saura rien.

Le Père de l'Église s'interroge sur les raisons pour lesquelles l'Esprit saint, dans l'ordre des créations, n'arrive qu'après le Ciel, la Terre invisible et chaotique, puis les ténèbres au-dessus de l'abîme. Et il donne la réponse : parce qu'il planait au-dessus des eaux. Suivent des imprécations lyriques à l'endroit de l'eau, de la mer, des bas-fonds, de ces instances négatives aspirantes. La mer, sur terre, est génératrice de mal et d'immondices, en elle s'est perdu l'ange, dans son épaisseur a coulé l'âme humaine ; en revanche, dans le ciel, il existe une eau qu'on ne dira pas lustrale, mais qui est immortelle et soustraite aux puissances démoniaques de la terre.

La mer a généré des âmes vivantes à l'état de reptiles, des bêtes volantes qui survolent la planète. Seule la terre, séparée de la salure des eaux peut réaliser le Verbe. La mer tue, noie, perd ; la terre produit, fabrique, construit. Des eaux marines, Augustin précise que « le manque de foi cause leur salure ». Qu'on sache donc lire le destin du saint, coincé entre les ruines sur terre et le sel de la mer comme entre deux infinis et qu'on sache l'imminence de la catastrophe : où qu'il aille, c'est la désolation qui l'accompagnera. Dans ces paysages terrestres et maritimes de damnation, j'entends la voix de Schopenhauer qui explique, cette fois-ci, quelle musique est consubstantielle aux architectures en ruines : contre le libre caprice d'une cadence figurée et l'arrachement à la contrainte du rythme, ce qui se fait entendre, long, sourd et lancinant, c'est le point d'orgue d'une cadence pétrifiée.

CHAPITRE 9

VARIATIONS SUR L'ANGE DU BIZARRE

Variations
sur l'ange du bizarre

T ous ceux qui, un jour ou l'autre, ont rencontré, vu ou regardé une œuvre de Monsu Desiderio dans sa matière, dans son extraordinaire présence, auront d'abord été retenus par ce que le dernier Freud appelait une *inquiétante étrangeté*, un mélange confus d'angoisse et de stupéfaction, un sentiment d'oppression et d'effroi, sinon de peur. Le trouble est évident : on assiste à ce qui est invisible en d'autres circonstances, des catastrophes métaphysiques ou géologiques, éthiques ou politiques, une réalité démoniaque dans laquelle évolue la pulsion de mort. Comme derrière un rideau tiré par effraction, dans les coulisses du monde ou sur la scène d'une répétition générale, ce qui nous est montré est proposé sur le mode apologétique chrétien telle une catharsis. Ce qui est offert picturalement, comme une fiction, l'est dans le dessein de nous dispenser d'avoir à le regarder un jour en réalité.

De l'angoisse et de l'effroi, Freud dit qu'ils sont des affects apparaissant, pour l'un, dans l'attente d'un danger connu ou inconnu, pour l'autre, dans l'imminence d'un danger auquel on n'était pas préparé. Dans les deux cas, on retrouve la Terreur, chère à la tragédie selon Aristote. Et Schelling fournit la clé du mystère analysé par Freud en précisant que l'inquiétante étrangeté surgit lorsqu'on assiste à la monstration de ce qui devait rester caché. J'ajouterai que dans les interstices de ce qui se déplie, de ce qui est mis à jour en de pareilles circonstances, on retrouve la main et le dessein de l'ange du bizarre. La catastrophe, la tragédie, l'apocalypse, puis la misère, l'angoisse, la peur, enfin le questionnement, l'interrogation, la réflexion, au sens étymologique, voilà les logiques mises en œuvre par cet ange baroque.

L'inquiétante étrangeté se montre donc dans le *fond*, dans ce que, faute de concept plus et mieux approprié, on appellera la *Weltanschauung* – vision, perception, conception du monde – de François de Nomé et Didier Barra. Elle est aussi dans la *forme*, la manière de dire avec une technique subjective qui se distingue par les ressources d'une palette singulière, puis d'une matière particulière. Monsu Desiderio travaille dans une épaisseur sombre, et opère en orfèvre ou en joaillier dans un volume de substance qu'il creuse, sculpte et travaille pour lui donner une allure et une consistance métaphysiques.

Son art tient du graveur autant que du ciseleur ou de l'estampeur : la toile qu'il destine aux architectures, par exemple, est d'abord recouverte de peinture noire. Point n'est besoin d'en montrer la signification ou la symbolique. Lorsqu'il prévoit des taches de couleur, Monsu Desiderio les ajoute sur ce fond sombre. L'ensemble est alors pareil à un bois, un cuir, un cuivre, une épaisseur dans laquelle peut creuser ou ciseler l'artiste qui, en enlevant de la matière, parvient à retrouver les effets de sa première surface brune. La couleur est donc montrée dans sa complémentarité ou dans sa relation contrapuntique avec ce noir perpétuel qui sied au fond métaphysique de l'œuvre.

Le stylet fait parfois surgir de ces jeux d'épargne ou d'entrave de la matière des effets qui rendent possibles, par leur quasi-nature microscopique, des gouttelettes blanches, claires ou argentées, des fils d'une même incandescence, d'une même lumière. Tout cela permettra, selon les besoins de la décoration architecturale vraisemblablement assurée par François de Nomé, des arabesques ou des grotesques, des guirlandes ou des frises qui inscriront dans le monument, lui-même dans la toile, un méta-récit dont la nature allégorique ou symbolique est parfois manifeste.

Déesse de pierre montrant son annulaire gauche avec son index droit, procession impériale avec un angélique *memento mori*, porteurs de buccins, sorte de Diogène nu près de son tonneau d'où l'eau coule, cohortes militaires sur une frise, veaux d'or ou moutons à sacrifier, cavaliers ou figures angéliques, à chaque fois, les figures ainsi obtenues sont pâles et blanches, cadavériques comme si elles relevaient de l'au-delà, qu'elles y allaient ou qu'elles en venaient. Toutes ces statues semblent vivre les situations dans lesquelles elles sont impliquées : lorsqu'une église explose, bien que pétrifiées, ces formes humaines de pierre paraissent connaître elles aussi la terreur et l'effroi. Lorsque saint Georges triomphe du dragon, elles donnent l'impression de s'animer comme pour une fête qui célébrerait les vertus et la victoire du saint guerrier ; quand passent des écuyers et des musiciens, les figures de l'entablement devant lequel s'effectue cette procession semblent guetter les vivants de leurs positions dont on pourrait imaginer qu'elles sont d'outre-tombe – une carcasse quasi vivante, en posture attentive, pourrait corroborer pareille hypothèse.

Partout ailleurs, ces créatures venues d'un monde sublunaire ou infernal, témoins d'un autre monde possible où tout serait blanc comme les ossements passés ou futurs de tout un chacun, assistent à toutes les scènes où elles paraissent presque animées de mouvements, de sentiments, ou, disons-le comme Deleuze, d'affects ou de percepts humains. Étonnement, intérêt, curiosité, effroi, indifférence, le spectacle du monde, vu de cet infra-monde, ou ultra-monde, parce que tout simplement perçu en surplomb, donne une vision de Sirius à partir de laquelle une réflexion, c'est-à-dire un fléchissement sur soi, son destin, ses faits et gestes, devient possible.

Nul doute que, dans ces fresques, sur ces frises, le long des colonnes, sur les entablements, devant les façades, ce qui s'anime dans ces scènes faussement pétrifiées est mû par les puissances et la volonté de l'ange du bizarre. Là peut se trouver le foisonnement allégorique, symbolique ou mythique. Dans ces arcanes découpés finement dans la matière picturale par François de Nomé se disent peut-être d'autres choses, inaudibles aujourd'hui, ou difficilement susceptibles d'être entendues tant leurs lieux de provenance (les limbes ou l'Élysée, le fameux monde sublunaire des anciens ou le ciel intelligible platonicien soudainement devenu visible) sont éloignés.

Si ce monde singulier, blanc, apparaît prioritairement sur un fond noir, il est également en compagnie de quelques autres couleurs qui spécifient et signent la palette de Monsu Desiderio. Pour dire la terre, le sable, le sol, les murs des ruines, des châteaux ou des palais, des architectures imaginaires et composites, des jaunes ou plutôt des jaunâtres ; pour les rares ciels ou les flots céruléens d'Hippone, des bleuâtres ; pour le reste des ambiances, des bruns, des gris, des variations sur le mode sombre, foncé. Les couleurs claires, franches, nettes et lumineuses sont de toute façon presque systématiquement proscrites. En revanche, toutes celles qui peuvent être cassées le sont par des matières assombrissantes, mates. Pour les feux, les incendies, bien sûr des pourpres, des rougeoiements colorés, des pigments obtenus de cuivres. Car dans ses années d'apprentissage, dans l'atelier d'un certain Monsieur Baldassare dont il dit avoir oublié le nom, il avait certainement travaillé le soufre, le noir de fumée, le strontiane, la soude ou toutes autres pierres et substances géologiques avec lesquelles se faisaient alors les pigments et se préparaient les couleurs, puis la peinture.

La palette sert à dire des univers nocturnes où le peintre semble demander à celui qui regarde ses toiles des vertus nyctalopes : soirs de lune, journées de pluie de cendres et de soleil couvert par les particules en suspension, après-midi d'orage qui couvrent toute la lumière possible, heures noires et sombres, tragiques et brunes, le monde de Monsu Desiderio est privé des lumières qui autorisent les jubilations, le plaisir des chaleurs et des incandescences, réelles ou symboliques. Le feu ne réchauffe pas jusqu'à la moelle, comme un cordial, il brûle et transforme en cendres tout ce qu'il approche, touche, ou même révèle.

Cet univers-là, montré dans la matière brune des terres et des limons dont nous procédons, n'a guère été lu et entendu comme il aurait dû l'être. Peut-être, à son époque, c'est souhaitable et vraisemblable, on l'a vu et compris comme il se proposait, tel un exercice apologétique. Mais, depuis, la fortune de Monsu Desiderio n'a guère été enviable. L'oubli, d'abord. La dispersion des toiles de l'atelier lorsque, des amis, le plus vivant des deux a disparu. Une école, une *bottega*, puis quelques œuvres à la façon de. Enfin, plus rien. Silence dans toutes les époques pendant trois siècles avant qu'un certain docteur Félix Sluys ne sorte de l'oubli l'œuvre de Nomé et Barra, mais pour les éclairer d'une lumière sinistre et perverse : celle du médecin psychiatre qui s'attaque à ces toiles comme un chacal à une vieille charogne.

Le livre qu'il consacre aux deux hommes, *Didier Barra et François de Nome dits Monsu Desiderio* semble rien moins qu'une thèse d'habilitation aux fonctions

de médecin psychiatre. Sinon, c'est du pareil au même. Et comme tout exercice de ce genre, l'idée qui sert de fil conducteur est d'une redoutable indigence. Voici la thèse : Monsu Desiderio « ne défend aucun système et n'a aucune théorie esthétique ; il est impossible de relever chez lui un système philosophique. Il est, en plus, isolé et inclassable ». Le Diafoirus travesti pour l'occasion en critique d'art pointe ici, dans une toile, une architecture dans son intégrité majestueuse, dans une autre peinture, la même, mais en ruines. Puis, docte, il conclut qu'en usant ainsi de manière régalienne des formes qu'il met lui-même à jour, Monsu Desiderio s'identifie à Dieu. Ce qui, à coup sûr, désigne un malade affublé de désir de grandeur. Passons sur l'ensemble des

prises de position qui toutes se valent. L'œuvre est-elle pauvre en personnages, en figurations humaines ? C'est à cause de la schizophrénie de François de Nomé – qu'il installe d'ailleurs seul sous l'autorité du personnage conceptuel Monsu Desiderio. Le monde montré est-il imaginaire, souffrant de son peu de réalité immanente ? C'est le signe d'une rupture d'avec le monde réel, d'une perte de contact avec la réalité, d'une dislocation de la personnalité. Une colonne et un dôme percé ? Un phallus, bien sûr, et je ne sais quel fondement défoncé. Retranchement dans son univers, répugnance à le révéler, Monsu Desiderio est un malade et souffre de schizophrénie : « Son étrange production artistique ne peut s'expliquer que de cette façon. » Cessons là.

Le pire n'est pas que le clinicien se soit fait caricature de psychiatre, mais qu'il paraisse avoir engendré des émules jusques et y compris chez André Breton, et quelques-uns de ses thuriféraires. Ceux-là, donc, ont voulu réhabiliter Monsu Desiderio dans l'histoire de la peinture pour la raison qu'il semblait illustrer à ravir l'hypothèse du Pape du surréalisme en vertu de laquelle il existe un *art magique*, exclu par l'histoire de l'*art classique*, dans lequel les fous, les marginaux, les illuminés et autres décalés tenants de l'irrationnel tiennent une place prépondérante. En effet, dans *La Clé des champs*, Breton considère que l'hystérie et l'affection mentale sont des voies d'accès privilégiées à la vérité et à l'authenticité d'un monde plus riche que le monde réel, celui des rêves, de l'imagination, de l'onirisme, du sacré, de l'occulte, en un mot, du magique.

Arrêtons-nous, par exemple, à cette phrase : « L'art de ceux qu'on range aujourd'hui dans la catégorie des malades mentaux constitue un réservoir de santé mentale. » Elle vaut comme un sésame pour saisir la fascination de Breton à l'endroit de ceux qui, dans l'histoire de l'art, évoluent aux marges et aux franges de la raison raisonnable, non loin des abîmes de la déraison, du délire, ou de la franche folie. En vertu de ce principe, Breton stigmatise Vinci, crispant, Rembrandt, pâle, Rubens, triste, pour leur préférer la galaxie des Piero di Cosimo ou Füssli, Caron ou Böcklin, sinon les classiques Bosch, Goya, Moreau. Et Monsu Desiderio.

Comment Breton a-t-il connu l'œuvre des deux Napolitains d'adoption ? *L'Art magique* date de 1957, et les premiers travaux de Sluys sur Monsu Desiderio de juin 1954. Par ailleurs, les écrits de Volmat sur l'art psychopathologique sont contemporains de l'époque à laquelle Breton travaille à la rédaction de son manuscrit. 1957, c'est aussi l'année au cours de laquelle, à Bordeaux, une exposition sur le fantastique de Bosch à Goya permet au grand public d'approcher des toiles de Monsu Desiderio dans un contexte thématique. Quoi qu'il en soit, et dans l'impossibilité de conclure sur ce sujet, on peut seulement supposer que Breton aura souscrit en partie à ces lectures convergentes, qui réconcilient le psychiatre et le poète, d'un Monsu Desiderio peintre du fantastique, de l'onirique, de la folie, du rêve et de la magie.

Or, la magie, telle que l'entend André Breton, « c'est ce qui permet à une œuvre de réengendrer à quelque titre la magie qui l'a engendrée ». Étrange formule qui, au-delà du simple jeu verbal, donne à imaginer qu'il pourrait exister un art échappant à cette logique. Car, à cette aune et selon ces principes, tout art n'est-il pas magique ? En fait, j'aspire à penser que Breton instille une dose de magie dans tout art qui lui résiste et ne lui permet pas de faire fonctionner ses catégories dans son système de pensée. Car Arcimboldo, Goya ou Füssli, autant que les autres, Bosch, Altdorfer ou Cranach, sont redevables de logiques, de symboles, d'allégories, de sens et de significations qui, pour peu qu'on n'ait pas les moyens de les décoder ou de les comprendre, laissent facilement croire qu'ils relèvent de la magie et de l'irrationnel, de l'incompréhensible et de l'irréductible. Tout ce dont on ne possède pas les clés donne depuis toujours l'impression d'être sinon sacré, du moins magique. Feuerbach a montré combien ces mécaniques spirituelles de compensation contribuaient à la généalogie des dieux, puis de Dieu.

Dans un moment de paradoxale clairvoyance, André Breton écrit de Monsu Desiderio et d'Arcimboldo qu'ils ont produit et laissé des œuvres « qui nous laissent impatients d'un meilleur éclairage ». Souscrivons. Et avançons plutôt l'idée d'un Monsu Desiderio combattant avec ses armes pour la Contre-Réforme catholique – et qui, en tant que tel, s'enracine indéfectiblement dans l'histoire de son temps, et non dans le terreau anhistorique de la magie. En aucune manière, cette œuvre picturale ne saurait être assimilée aux travaux surréalistes qui participent et procèdent de la méthode paranoïaque-critique, du hasard objectif, de la célébration du rêve, de l'automatisme créateur ou de la dictée de l'inconscient.

L'univers de Monsu Desiderio n'a rien à voir avec les paysages fantastiques de Yves Tanguy, les villes imaginaires de Max Ernst, les cosmogonies oniriques de Joan Mirò ou les distorsions de la réalité pratiquées par Dalí. François de Nomé et Didier Barra sont à des lieues de ce monde-là. Pire, c'est un contresens d'imaginer que des artistes travaillant à illustrer dans leur registre les combats contre la modernité métaphysique de la première moitié du XVIIe siècle puissent passer pour des affidés surréalistes avant l'heure. À moins de proposer une cause commune aux catholiques et aux surréalistes : par exemple célébrer l'irrationnel, vénérer les formes mystiques ou vanter les mérites de l'obscurantisme. Auquel cas, tout devient possible…

En tout cas, s'il avait été philosophe, Monsu Desiderio aurait vraisemblablement été Pascal, un penseur emblématique du XVIIe siècle en tant qu'il est celui des saints et de la religion chrétienne. Pintard a parlé d'un *envers du siècle des saints* pour caractériser cette galaxie des libertins érudits. Contemporains, Blaise Pascal, François de Nomé, Didier Barra se sont vraisemblablement effrayés du déclin puis de l'effondrement de la scolastique aristotélicienne, ils ont stigmatisé l'exaltation de la raison et son corrélat, l'émergence des hérésies, des pensées catholiques obliques. La multiplication des références faites au monde païen les a troublés, car ils préféraient Job et Abraham à Sénèque et Épicure. L'ensemble contribuant à la laïcisation de la morale, au recul de la religion, à l'autonomisation philosophique et métaphysique du bien, ils se sont désolés, sinon fâchés.

Point par point, la pensée de Blaise Pascal et la peinture de Monsu Desiderio célèbrent les mêmes idéaux, mènent les mêmes combats : lutter contre le paganisme ancien et le pyrrhonisme moderne ; inquiéter les athées, les esprits forts, les libertins, les incroyants ; célébrer les vertus du cœur qui ressent des émotions – la terreur et la pitié par exemple – contre la raison qui analyse des concepts et des notions ; préférer l'esprit de finesse à l'esprit de géométrie pour accéder aux vérités essentielles ; craindre plutôt le Dieu caché des hommes de l'Ancien Testament plutôt que le Dieu des philosophes impudemment approché par ceux qui analysent et philosophent dans la clarté et la distinction ; enfin, clamer la misère de l'homme sans Dieu, perdu entre deux infinis ou condamné au pitoyable divertissement.

L'apologétique pascalienne, qui semble être aussi celle de Nomé et Barra, a pour ennemi Descartes et le cartésianisme, dont on ne sait pas encore que, via Spinoza et le spinozisme, puis le matérialisme français qui s'ensuivra, il nourrira l'esprit de la Révolution française. Monsu Desiderio a lancé les derniers feux avant l'effondrement d'un monde. Ses brasiers avaient l'incandescence qu'il fallait, ses incendies ravageaient superbement, ses raz de marée étaient convaincants, ses ruines démonstratives, ses nuits d'assassinats et de crimes parlaient le langage de la fièvre – dont Georges Bataille dit qu'elle est ce qui désigne le maniérisme. Mais les grondements de la terre, l'écorce terrestre qui s'ouvre, le volcan qui crache son feu, ses flammes et sa lave ne suffiront pas : les églises ont explosé et, en peignant ces sujets, Monsu Desiderio témoignait de la généalogie de notre époque moderne. Reste chez Nomé et Barra un portrait extraordinaire de la condition humaine, tragique et douloureuse, entre les ruines et les flots, cernée par la mort qui, de toute façon, aura raison de tout cela.

CHAPITRE 10

POSTFACE
D'UN CERTAIN
USAGE
DU PLAISIR

Postface
D'un certain usage du plaisir

D'aucuns qui connaissent mes options hédo-
nistes s'inquiètent : écrire sur des peintres
qui se sont fait une spécialité de pourfen-
dre les esprits forts, les athées ou les gens de peu de
croyance, voilà de quoi prévoir, sinon diagnostiquer,
les prodromes d'une conversion en bonne et due
forme. Certains jubilent qui attendaient le renie-
ment, l'apostasie de mon athéisme radical ou de
mon matérialisme revendiqué : l'heure semble venue
qui veut de toute éternité qu'un mécréant finisse et
rende son dernier soupir dans les bras d'un confes-
seur ou que les anarchistes terminent déguisés avec
un bicorne sous la coupole du quai Conti, traînant
par terre un sabre qui fait des étincelles. D'autres
froncent le sourcil, inquiets de ce qui leur paraît un
passage à l'ennemi avec armes et bagages.

Comment inscrire un travail sur Monsu Desiderio dans la perspective hédoniste qui est la mienne
depuis le premier de mes huit livres ? De la même

manière qu'avec *L'Œil nomade*, mon premier ouvrage sur la question esthétique à partir de l'œuvre peint de Jacques Pasquier, un artiste contemporain. C'est-à-dire en reprenant la distinction que j'ai faite, ailleurs, entre l'hédonisme philosophique et l'hédonisme vulgaire, pour inviter à pratiquer un autre plaisir que celui qu'on veut si souvent voir quand on a le regard court et la perspective entravée.

La volonté plus ou moins délibérée de réduire mon travail à l'apologie du seul hédonisme vulgaire s'est souvent faite sur le malentendu entretenu à partir de deux de mes livres consacrés au goût, à la relation entre la cuisine comme vision du monde et la philosophie comme système, et à la naissance de la gastronomie. La traditionnelle distinction, que je pointe pour mieux inviter à la dépasser, entre les sens nobles et les sens ignobles semble installer *de facto* ceux qui s'occupent de l'olfaction ou du goût un étage en dessous de ceux qui ont élu le regard ou l'ouïe.

En effet, pour nombre de ceux que Nietzsche appelait « les barbouilleurs de revues », on ne saurait acquérir une dignité philosophique en travaillant sur la question gastronomique. En revanche, en écrivant sur la peinture ou sur la musique, le préjugé défavorable disparaît au profit d'une considération induite. Mais peut-on demander à ceux dont le métier est de suivre, ce qu'ils font parfois difficilement, qu'ils précèdent, ou cheminent à la même hauteur ? Alors laissons les vieilles catégories et les habitudes anciennes opérer chez ceux qui gardent le temple. Et avançons.

J'aspire, en effet, à une réconciliation de soi avec tous les sens, sans distinction aucune, sans hiérarchie et sans préjugés. Je crois, avec Diderot, qu'il n'existe qu'un seul sens diversement modifié : le toucher. Et que l'on touche ici avec les fosses nasales, là avec les cônes et les bâtonnets, ailleurs avec la pulpe des doigts ou le marteau et l'enclume, toujours avec un corps, des terminaisons nerveuses, des muscles, une peau. Et un cerveau. Dans tous les cas de figures, il n'y a que matière, subtile, délicate, singulière, certes, mais matière.

Un plaisir corporel est toujours intellectuel, tout autant que l'inverse – car un plaisir intellectuel est mêmement corporel. Ce sont la machine et ses connexions, ses terminaisons nerveuses, ses influx et ses soubresauts qui font se rencontrer des images et des idées, des concepts et des couleurs, des formes et des figures. L'ensemble s'agence, se place et se déplace. Dans le corps, les informations circulent et empruntent des trajets déjà foulés par les esprits anciens, hier ou avant-hier, plus loin encore, peut-être dans le passé de qui nous fûmes quand nous étions dans les limbes de l'enfance.

Sentir, goûter, toucher, entendre, mais aussi voir supposent un corps avec des souvenirs et des savoirs, des points de repères et des informations. La mise en perspective de ces connaissances, via les connexions nerveuses, produit des sensations et des émotions, des plaisirs. Regarder une peinture, c'est soit se contenter de l'immédiateté et du plaisir sommaire que cela peut supposer et procurer, soit désirer plus et mieux des sensations affinées, subtiles. D'une part l'hédonisme vulgaire, d'autre part l'hédonisme philosophique.

Qu'est-ce qui les distingue ? Le degré de conscience qui s'installe entre l'affect et le percept, entre ce qui se passe sur le terrain de la sensation et celui de l'émotion, aller et retour. J'ai écrit une fois, parodiant Rabelais, que jouissance sans conscience n'était que ruine de l'âme. Je persiste. Pas de jubilation digne de ce nom sans sculpture du plaisir par la conscience, sans mise en forme de l'instinct dans des figures structurées.

Le plaisir que ressentent les hommes se distingue du plaisir animal par la dose apollinienne qu'ils mettent dans l'ensemble des processus qui les conduisent au jugement. Il en va pareillement du plaisir suivant, qu'il s'agisse d'un objet olfactif, gustatif, auditif, ou visuel, bien sûr. L'esthétique, dans son acception étymologique, est d'abord capacité à ressentir, à éprouver des émotions et des sensations.

Elle est donc une pathétique, un art de transformation des nécessités naturelles en luxes culturels.

Tous les plaisirs me comblent. J'ai raconté ceux de Bacchus et de Comus, certes. Je ne désespère pas un jour sacrifier verbalement à ceux d'Euterpe. Pareillement, ceux des beaux-arts qui me réjouissent m'invitent toujours, quand je veux affiner ou décupler mes plaisirs, à parler ou écrire. Le livre est une forme de conversation que j'aime poursuivre avec qui souhaite se faire mon interlocuteur. J'ai aimé Monsu Desiderio en voyant pour la première fois l'une de ses œuvres, bêtement, dans une histoire de l'art que je feuilletais pour voyager un peu du fond de mon fauteuil. J'ai souhaité mieux comprendre, fréquenter plus, approcher, saisir et nommer ce qui faisait jubilation en moi. Le désir de ce livre est venu ainsi.

Et j'ai connu de nouveaux plaisirs, en forme de variations sur le thème des agréments, voire des voluptés, à chaque avancée dans ce monde et dans cet œuvre peint. Relisant Nietzsche, une nuit d'insomnie comme si souvent, j'ai cherché un exergue pour ce livre. Sur les ruines, la peinture, la tragédie, l'artiste, je n'ai rien trouvé qui me convienne véritablement. Trop à côté, pas assez en relation avec Monsu Desiderio. Et puis j'ai recopié cette phrase, riche et inquiétante : « Même chez l'esprit libre qui s'est débarrassé de toute métaphysique, les plus hauts effets de l'art font résonner des cordes méta-physiques depuis longtemps muettes. »

Dans le creux de la nuit, j'ai d'abord songé à Lucien Jerphagnon, mon vieux maître, qui aurait souri de me surprendre en train de recopier cette phrase, lui qui ne croit pas plus à mon matérialisme hédoniste que moi à son Dieu. Puis j'ai acquiescé intérieurement en souscrivant absolument au rôle de l'art pour qui vit sans le recours ou le secours d'un Dieu. Non qu'il en aille d'un substitut à la religion, mais pour la raison qu'avec le commerce des artistes s'offrent des perspectives métaphysiques ouvertes. J'ai voulu m'engager dans l'une d'entre elles et aller jusqu'au bout des possibles qu'elles permettaient, ignorant tout du voyage qu'il me faudrait accomplir et des rencontres que j'y ferais, chemin faisant.

Du tragique à l'inquiétante étrangeté, de la ter-reur à la pitié, de la catastrophe à l'apocalypse, j'ai retrouvé des chemins hantés par mon enfance tout entière soumise à l'autorité des prêtres et des reli-gieuses. Eux aussi usaient de ces arguments-là, eux aussi visaient cette apologétique-là. Mais malgré ces zones de feu et d'incandescence, ces chausse-trapes métaphysiques où menaçaient la lave, l'enfer, les raz de marée, les tremblements de terre, il me semble que j'ai voulu une autre route, et qu'à la démarche de Pascal j'ai préféré celle de Descartes. Partant du tragique catholique, j'ai cheminé – et chemine encore – en direction d'un hédonisme que je veux païen. Dans ce trajet, il y a place, bien sûr, pour tout ce qui réjouit l'âme, donc le corps. Pour moi, la peinture est tout aussi systématiquement une occasion de jubiler, et souvent.

Monsu Desiderio m'a parlé comme vraisemblablement déjà on m'avait parlé, autrement, moins bien, avec de pitoyables mots, sans doute. Mais son monde m'était connu, sinon familier, trop. Ses imprécations pérennes, je les avais entendues, modulées sur tous les tons, célébrées dans la logique de ce que Nietzsche appelait l'idéal ascétique. Peut-être d'ailleurs le plaisir que j'ai aujourd'hui, adulte, à me promener à nouveau dans ces paysages désolés, dévastés, mais avec toute la distance que j'y puis mettre, parce que libre et ne craignant plus directement la menace des pluies de feu, m'a rendu l'œuvre précieuse.

Lucrèce déjà avait dit que les hommes étaient ainsi faits qu'ils prenaient un réel plaisir à voir de loin les catastrophes auxquelles ils échappaient. N'est-ce pas là, d'ailleurs, l'un des mécanismes de la catharsis ? Éprouver, mais épargner, montrer la tragédie pour faire conclure à celui qui la voit ainsi sublimée qu'en y assistant en voyeur il est, pour l'instant que dure la monstration, en dehors de la vérité tragique factuelle. Tant qu'on est impliqué dans la terreur en spectateur, on a la certitude de n'y pas être comme acteur. De quoi trouver une fois encore des occasions de jubiler, car l'évitement d'une douleur vaut parfois comme un plaisir réellement positif, actif. Du feu, des larmes, du sang, je sais qu'il en faudra. Déjà il m'en a fallu. Du moins, tant qu'a duré mon voyage en compagnie de Monsu Desiderio, sur la scène tragique de ses fictions magiques, j'ai plutôt connu les joies de qui brûle pour ne pas avoir à périr trop tôt consumé.

BIBLIOGRAPHIE

1 Aristote, *Poétique*, trad. M. Magnien, éd. Le Livre de Poche.

2 Aubigné (Théodore Agrippa d'), *Les Tragiques*, éd. Garnier Flammarion.

3 Augustin, *Confessions*, trad. L. de Mondanon, éd. Pierre Horay.

4 Baltrusaitis (Jurgis), *Aberrations. Essai sur la légende des formes. Perspectives dépravées*, I, éd. Champs-Flammarion.

5 Baltrusaitis (Jurgis), *Le Moyen Âge fantastique. Antiquités et exotisme dans l'art gothique*, éd. Champs-Flammarion.

6 Bataille (Georges), *Les Larmes d'Éros*, éd. Jean-Jacques Pauvert.

7 Bertholet (Alfred), *Histoire de la civilisation d'Israël*, trad. J. Marty, éd. Payot.

8 Bible, trad. E. Osty. et J. Trinquet, éd. Le Seuil.

9 Breton (André), *La Clé des champs*, éd. Le Sagittaire.

10 Breton (André), *L'Art magique*, éd. Adam Biro et Phébus.

11 Brown (Peter), *La Vie de saint Augustin*, trad. J.H. Marrou, éd. Le Seuil.

12 Caillois (Roger), *Cohérences aventureuses. Esthétique généralisée. Au cœur du fantastique. La dissymétrie*, éd. Gallimard.

13 Caillois (Roger), *Babel*, précédé de *Vocabulaire esthétique*, éd. Gallimard.

14 Calderòn de la Barca (Pedro), *Le Grand Théâtre du monde*, éd. La renaissance du livre.

15 Calderòn de la Barca (Pedro), *La vie est un songe*, trad. A. Arnoux, éd. Grasset.

16 Campanella (Tomaso), *La Cité du Soleil*, intro. de L. Firpo et trad. de A. Tripet, éd. Droz.

17 Cognet (Louis), *Le Jansénisme*, éd. PUF.

18 Delacomptée (Jean-Michel), *Et qu'un seul soit l'ami. La Boétie*, éd. Gallimard.

19 Deleuze (Gilles), *Le Pli. Leibniz et le baroque*, éd. de Minuit.

20 Deleuze (Gilles) et Guattari (Félix), *Qu'est-ce que la philosophie ?*, éd. de Minuit.

21 Descartes (René), *Les Principes de la philosophie*, éd. Gallimard.

22 Descartes (René), *Discours de la méthode*, éd. Gallimard.

23 Diderot (Denis), *Les Salons*, éd. Garnier.

24 Didi-Huberman (Georges), *Saint Georges et le dragon*, éd. Adam Biro.

25 Donne (John), *Anatomie du monde*, éd. Aubier.

26 Drake (Stillman), *Galilée*, trad. J.-P. Scheideker, éd. Actes Sud.

27 Dugas (Léon), *L'Amitié antique*, éd. Alcan.

28 Fernandez (Dominique), *Le Volcan sous la ville. Promenades dans Naples*, éd. Plon.

29 Fraisse (Jean-Claude), *Philia. La notion d'amitié dans la philosophie antique*, éd. Vrin.

30 Freud (Sigmund), *L'Avenir d'une illusion*, trad. M. Bonaparte, éd. PUF.

31 Freud (Sigmund), *L'Inquiétante étrangeté*, trad. M. Bonaparte, éd. Gallimard.

32 Freud (Sigmund), *Malaise dans la civilisation*, trad. Ch. et J. Odier, éd. PUF.

33 Freud (Sigmund), *Essais de psychanalyse*, trad. S. Jankélévitch, Payot.

34 Geymonat (Ludovic), *Galilée*, trad. F.M. Rosset, éd. Robert Laffont.

35 Girard (René), *Le Bouc émissaire*, éd. Grasset.

36 Girard (René), *La Violence et le Sacré*, éd. Grasset.

37 Girard (René), *La Route antique des hommes pervers*, éd. Grasset.

38 Gromort (Georges), *Essai sur la théorie de l'architecture*, éd. C. Massin.

39 Guérin (Michel), *Qu'est-ce qu'une œuvre ?*, éd. Actes Sud.

40 Guérin (Michel), *La Terreur et la Pitié*, tome I, *la Terreur*, tome II, *la Pitié*, éd. Actes Sud.

41 Hockce (Gustav René), *Labyrinthe de l'art fantastique. Le maniérisme dans l'art européen*, trad. C. Hem, éd. Denoël Gonthier.

42 Josèphe (Flavius), *Histoire ancienne des Juifs*, trad. A. D'Andilly, éd. Lidis.

43 Kierkegaard (Sören), *L'Alternative*, Œuvres complètes, tome III, trad. P. H. et E.M. Tisseau, éd. de l'Orante.

44 Kierkegaard (Sören), *Crainte et tremblement*, *ibidem*, tome V.

45 Koyré (Alexandre), *Du monde clos à l'univers infini*, trad. R. Tarb, éd. Gallimard.

46 Le Brun (Annic), *Perspectives dépravées. Entre catastrophe réelle et catastrophe imaginaire*, éd. La lettre volée.

47 Montaigne (Michel de), *Essais*, éd. Gallimard.

48 Namer (Émile), *La Philosophie italienne*, éd. Seghers.

49 Nietzsche (Frédéric), *Le Gai Savoir*, trad. P. Klossowski, éd. Gallimard.

50 Nietzsche (Frédéric), *Humain, trop humain*, trad. A. Desrousseaux, éd. Denoël Gonthier.

51 Nietzsche (Frédéric), *La Naissance de la tragédie*, trad. G. Bianquis, éd. Gallimard.

52 Norberg-Schulz (Christian), *La Signification dans l'architecture occidentale*, éd. Mardaga.

53 Ors (Eugenio d'), *Du baroque*, trad. A. Rouart-Valéry, éd. Gallimard.

54 Panovsky (Erwin), *Idea. Contribution à l'histoire du concept de l'ancienne théorie de l'art*, trad. H. Joly, Gallimard.

55 Panovsky (Erwin), *Galilée critique d'art*, trad. N. Heinich suivi de *Attitude esthétique et pensée scientifique*, par Koyré (Alexandre), éd. Les impressions nouvelles.

56 Pascal (Blaise), *Pensées*, éd. Gallimard.

57 Pintard (René), *Le Liberti-nage érudit dans la première moitié du XVIIe siècle*, éd. Slatkine.

58 Réau (Louis), *Histoire du vandalisme*, éd. Robert Laffont.

59 Rocchi (Jean), *L'Errance et l'Hérésie ou le destin de Giordano Bruno*, éd. F. Bourin.

60 Rolland (Romain), *Histoire de l'opéra en Europe avant Lully et Scarlatti*, éd. de Boccard.

61 Rosset (Clément), *L'Esthé-tique de Schopenhauer*, éd. PUF.

62 Rosset (Clément), *La Pensée tragique*, éd. PUF.

63 Schifano (Jean-Noël), *Chroniques napolitaines*, éd. Gallimard.

64 Schifano (Jean-Noël), *Naples*, éd. Le Seuil.

65 Schopenhauer (Arthur), *Le Monde comme volonté et comme représentation*, trad. A. Burdeau, éd. PUF.

66 Seghers (Pierre), *Monsu Desiderio ou le théâtre de la fin du monde*, éd. Robert Laffont.

67 Simmel (Georg), *Les Ruines, essai d'esthétique*, trad. personnelle Geneviève Finke-Lecaudey.

68 Sluys (Félix) *Didier Barra et François de Nome dits Monsu Desiderio*, éd. du Minotaure.

69 Vax (Louis), *La Séduction de l'étrange*, éd. PUF.

70 Virgile, *L'Énéide*, trad. M. Rat, éd. Garnier Flammarion.

71 Voragine (Jacques de), *La Légende dorée*, trad. J.B.M. Roze, tomes I et II, éd. Garnier Flammarion.

72 Wittkover (Rudolf et Margot), *Les Enfants de Saturne. Psychologie et comportement des artistes de l'Antiquité à la Révolution française*, trad. D. Arasse, éd. Macula.

73 Wölfflin (Henrich), *Renaissance et baroque*, trad. G. Ballangé, éd. Le Livre de Poche.